Lore Lehmann

Pausenfüller

Geschichten und Gedichte der leichten Art

Lore Lehmann, Jahrgang 1938, schreibt am liebsten Fantasiegeschichten, weil diese einfach so auf Engelsflügeln daherkommen.

Für sich und ihre Familie hat sie ihre gereimten Gedanken und alles Ungereimte aufgeschrieben. Ohne große Ansprüche, nur so zum Pausen ausfüllen, nachdenken und nach machen.

Lore Lehmann gab im Herbst 1999 ihr erstes Buch, „Trolle im Burgwald" heraus. Erschienen im Fairlag. Im Sommer 2000 erschien „Lara" bei Books an Demand.

Pausenfüller ist ihr drittes Buch.

ISBN 3 – 8311 – 3566 – 5

Herstellung: Books on Demand GmbH

Inhalt

Schreiben

Komm schreib.
Es kommt die Zeit
Da wird das Herz schwer werden.
Es kommt die Zeit
Da wird der Mund stumm sein.
Komm schreib jetzt.
Für morgen
für die Stille
für die Zeit
ohne Antworten.
Komm schreib.

Geburt mit Marschmusik

An meine Geburt kann ich mich >teilweise< gut erinnern. Sie glauben das nicht? Es ist aber so. Zugegebenerweise muss ich sagen, meine Mutter hat mir den Hergang oft geschildert, doch ich habe mit zunehmendem Alter die Fähigkeit erlernt, tief in mich zu versinken und so gelingt es mir an manchen Tagen, allerfernste Geschehnisse aus meinem Leben wach zu rufen. So auch Teile meiner Geburt.

Als meine Mutter merkte, dass sie noch am gleichen Tage entbinden würde, schickte sie die beiden Söhne zu Verwandten und ließ dann durch eine Nachbarin die Hebamme rufen. Diese kam bald und sah, dass das Kind nicht richtig lag und rief einen Arzt hinzu. Er warf nur einen kurzen Blick auf die Gebärende und fragte nach dem Radio. Der Volksempfänger stand in der Küche, meine Mutter lag im Schlafzimmer. Sie wurde sogleich in die Küche befohlen und musste sich auf den Tisch legen. Angeblich war da besseres Licht, doch wurde zunächst das Radio angestellt und die Gebärende fand kaum Beachtung. Es war der 15. September 1938 und Hitler marschierte in Österreich, Wien oder sonst wo ein. Meiner Mutter war das ziemlich egal, doch dem Doktor nicht. Also wurde die Musik und sonstiges Gegröle laut gestellt und die Begeisterung erfasste den Arzt. Er marschierte in der kleinen Küche auf und ab und rief immer wieder etwas von einer neuen Zeit. Mutter wünschte nichts sehnlicher, als dass die Zeit jetzt in diesem Moment sich für sie ändere und stöhnte leise. Sie wurde mit dem Hinweis, dass eine deutsche Frau sich nicht gehen ließe und tapfer dem Führer Söhne schenke, zur Ruhe und Geduld gemahnt. Tapferkeit und Mut seien jetzt gefordert und ein Gespür für den Aufbruch in Großdeutschland. Dabei horchte er nach den Herztönen des Kindes und sagte: „Sehen sie Frau Backhaus, ihr kleiner Sohn ist tapferer als sie, er pocht im Takt." Die eben Gescholtene wollte gar keinen Sohn und hoffte weiter auf ein Mädchen. Vor allem aber wünschte sie sich ein baldiges Ende ihrer Not. Doch Herr Doktor stand gebannt am Radio und sang mit. Erst als die Hebamme sehr ärgerlich reagierte und darauf verwies, dass es weder leicht sei, auf so einem kurzen Tisch von 130 cm ein Kind zu bekommen, noch das dieses Kind lebend geboren werde, wenn er weiterhin seine Hilfe verweigere, wurde er aktiv. So zog man nach vielen Stunden ein, wer mag es glauben, Mädchen an das Licht der Welt. Dieses gab aber kein Lebenszeichen mehr von sich. „Baden," schrie der Doktor, „ heiß und kalt! " Er hielt das Kind an den Füßen in die Luft und schüttelte es. Nachdem mehrmaliges Eintauchen in kaltes und heißes Wasser nichts bewirkte, bekam das arme Würmchen ein paar Schläge auf den Popo. Nichts, kein Laut! Da griff der Pflichtvergessende zur Spritze und stach zu. Der erlösende Schrei ertönte. Meine Mutter weinte vor Freude und ich wurde in ihren Arm gelegt. Von der Wand ertönte aus dem Volksempfänger immer noch Marschmusik und Hitler war wo immer auch einmarschiert. Der Doktor bedauerte, dass er wichtige Teile von Hitlers Rede versäumt habe. Er schaute die Frau, die wieder im Bett lag und das Kind im Arm hielt, nicht mehr an. Er meinte nur zur Hebamme gewandt: „Mädchen sind zäh."

Ich kann mich an die Marschmusik nicht mehr erinnern, aber an den festen Händegriff um meine Füße und das Wechselspiel von heiß und kalt. Dann sehne ich mich nach der Wärme meiner Mutter, die mir leider nicht zuteil wird. Fest zugreifende Männerhände mag ich bis heute nicht. Es ist also nicht verwunderlich, dass ich seit 40 Jahren mit einem >Softi< verheiratet bin und sagen kann: Wir sind beide glücklich. Meine erste, große Liebe jedoch war ein gestandenes Mannsbild von 198 cm und fest zupackend. Heute weiß ich, warum wir es nicht miteinander aushielten.

Als ich mit 21 Jahren schwanger wurde und auf einer, damals umstrittenen Hausgeburt bestand, traf ich auf die Hebamme, die bei meiner Geburt dabei war. Sie erinnerte sich und fragte gleich, ob ich Marschmusik möge und starke Männer. Sie bestätigte die Erzählungen meiner Mutter und meinte, diese habe stark untertrieben. Sie vergesse nie den marschierenden Schritt und die heldenhaften Worte des Arztes. Er sei meiner Mutter mit fester Hand zu Leibe gerückt und später bei mir nicht minder grob vorgegangen. Sie empfahl mir Meditation und tiefes Erinnern, so käme ich auf die Spur meiner Abneigung gegen alles > männlich Starke<.

Es ist mir erst sehr spät, kurz vor dem endlichen Vergessen gelungen, diese Geburtserinnerung wach zu rufen. Jetzt kann ich Marschmusik ertragen und starke Männer aushalten, aber lieben werde ich sie beide nie können.
Das muss ich ja auch nicht!

Sitzengeblieben

Als ich 1945 im November wieder in die Schule kam war ich sieben Jahre alt. Wieder in die Schule bedeutete, ich war schon einmal 1944 im September in Schlitz eingeschult worden, aber die Schule wurde bald darauf als Lazarett gebraucht und wir Kinder durften zu Hause bleiben, von mir natürlich sehr begrüßt. Ich war mit Mutter und Brüdern nach Schlitz evakuiert worden, um dem Bombenhagel in Hagen zu entkommen. Ich war von klein auf eine Streunerin und genoss die Freiheit mit weiten Spaziergängen durch Felder und Auen. So entging ich den ständigen Foppereien der zwei größeren Brüder und ihrer Besserwisserei; denn sie hatten schon einige Schuljahre hinter sich und prahlten nach Jungen Art damit. Walter, mein ein Jahr jüngerer Bruder war geschickt genug, sich mit jedem gut zu verstehen. Mir lag das nicht, ich rebellierte ständig, war einfach ein unverträgliches Kind. Unsere Mutter war sehr krank, hatte Rheuma und war fast steif. Sie trug ein unförmiges Lederkorsett, dass mir morgens beim Ankleiden immer einen Schrecken einjagte. Mein ältester Bruder Werner half ihr dabei, nahm schon dadurch eine Sonderstellung innerhalb der Familie ein und war auch sonst irgendwie Vaterersatz. Unser Vater musste in Hagen zurück bleiben, er war Lokheizer bei der Reichsbahn und fuhr Munitionszüge an die Front. Werner war ein schöner, blonder Junge mit blauen Augen und in der Hitlerjugend. Er trug seine „Uniform" stolz und erzählte viel vom Marschieren und Exerzieren. Mir war das alles nicht geheuer, ich stromerte lieber herum, verlor mich in Fantasien und Träumereien.

Immer kam ich schmutzig, zerzaust und unwahre Geschichten erzählend nach Hause. Meine Mutter machte sich sicher Sorgen um mich, war aber durch ihre Unbeweglichkeit nicht in der Lage, mich mehr an die Leine zu legen.

Als wir nach Kriegsende nach Hagen zurück kehrten, wohnten in unserer ohnehin schon kleinen Wohnung Verwandte, die bei einem Bombenangriff Hab und Gut verloren hatten. Mit ihnen wohnten nun zwölf Menschen, davon sieben Kinder, auf vierundsechzig Quadratmetern. Die ständige Enge trieb mich wieder hinaus, diesmal in den Wald, in dem wir unser Häuschen hatten. Wieder suchte ich meine Welt, die mich glücklich machte, allein und ungestört in der Natur. Ich redete mit den Bäumen, lauschte den Vögeln und dem Wind im Blätterdach. Ich wurde immer unfähiger, mich mit Menschen zu arrangieren, ihnen zuzuhören oder sie zu verstehen. Hinzu kam der Hunger. Meine Eltern wussten nicht, wie sie ihre Kinder satt kriegen sollten. Trotz ihrer Behinderung ging meine Mutter auf Hamsterfahrt. Erfolglos, sie hatte keine brauchbaren Tauschgüter. Sie versuchte es mit Zigarettenhandel auf dem Schwarzmarkt, doch auch das brachte kaum etwas. Die Not war oft groß, die Sorgen meiner Mutter um ihre Kinder sicher noch ärger. Schuhe und Kleider fehlten und als nun die Schule wieder begann, hatten wir keine Hefte und Stifte.

Die Schule blieb für mich die ersten Jahre fremd und ein Ort ständigen Unverstehen,s. Ich verstand nicht, warum mir alles fehlte, Schuhe, Kleider, Bücher und Stifte. Ständig war ich hungrig, müde und traurig. Die drangvolle Enge in den Bänken ließ mich stumm werden, wir waren achtzig Kinder in der Klasse. Unterricht fand abwechselnd nachmittags und vormittags statt, ich war immer im Zweifel, wann ich dran war. Da ich so gar keine Freude an der Schule hatte, arbeitete ich auch nicht mit. Das dehnte ich auch auf die Hausaufgaben aus. Meine Mutter hatte ihre liebe Not mit mir.

Nach einiger Zeit bekam ich Ohnmachtsanfälle. Der Arzt meinte, ich brauche regelmäßiges Essen, dann ginge es mir besser. Der älteste Bruder hatte schon eine Lehre in einem Pharma-Labor in einer Apotheke begonnen und brachte Lebertran mit nach Hause. Meine Mutter buk Reibekuchen aus Kartoffelschalen damit, ich war die Einzige, die sie nicht aß. Lebertran pur erbrach ich. Bei einer Reihenuntersuchung wurde TBC festgestellt. Ich kam zur Kur nach Bad Salzuflen. Meine anfängliche Begeisterung wurde schnell gedämpft, auch hier war ich nicht gelitten, bald als stur und dumm gebrandmarkt. Gegen die disziplinarischen Maßnahmen hatte ich immer etwas einzuwenden. Dabei gefielen mir die Bäder, das Turnen, die Spaziergänge und die vielen Ruhezeiten. Das Essen war reichlich und gut. Trotzdem hatte ich kaum zugenommen, als es nach Hause ging.

Wieder begann das alte Dilemma. Meine Mutter suchte den Lehrer auf und erkundigte sich, ob ich denn das Klassenziel erreichen würde. Er beruhigte sie und sagte, das würde sicher klappen. Mutter und ich waren beruhigt und ich gab mir weiterhin keine Mühe. Mein Schlendrian war schon zu einem Wesenszug von mir geworden.

Im Haushalt musste ich viel helfen, tat dies zwar nicht widerspruchslos, sah aber die Notwendigkeit ob der Krankheit meiner Mutter ein. Während meines Kuraufenthaltes hatte die Währungsreform statt gefunden und wir hatten unsere vierzig Mark Kopfgeld erhalten. Überall sprach man vom

Neuanfang und auch meine Eltern sagten immer wieder: „Nun geht es bald besser, es wird alles wieder gut." Ja, es wurde einiges besser, man konnte jede Menge Dinge kaufen, die ich noch nie gesehen hatte oder gar gegessen. Auch unser heimischer Tisch wurde reichlicher und abwechslungsreicher gedeckt. Wir waren aber immer noch arm, mein Vater verdiente als kleiner Beamter nicht viel, es musste sehr gerechnet werden. Aber auch unsere Nachbarn hatten nicht mehr, alle mussten sparen und abwarten bis sie mehr verdienten und sich mehr leisten konnten. Doch man kannte ja noch all die Rezepte aus der Hungerzeit und machte viele Dinge selbst. Mein Vater baute Tabak an, nutzte überhaupt in seiner Freizeit mit viel Liebe seinen Schrebergarten, ging in den Wald und sammelte Früchte, machte Hagebuttenwein und in der Küche neben dem Herd unter einer Lampe zog er Eintagsküken groß. Mutter kochte ein, was Vater heranwachsen ließ, nähte und strickte und hielt mich, wenn auch nicht von viel Erfolg gekrönt, dazu an. Wir bekamen eine neue Schule, evangelische und katholische Kinder wurden getrennt. Es gab Platz! Auch zu Hause hatten uns unsere Verwandten vor einiger Zeit verlassen und wir konnten uns wieder ausbreiten. Nur ich wurde von der allgemeinen Aufbruchstimmung nicht ergriffen. Mein Leben fand weiterhin in Gottes weiter Natur wirklich statt, ich war und blieb eine Streunerin. Und dann kam, was kommen musste, ich bekam mein Zeugnis und war sitzengeblieben!

War das ein Drama innerhalb der Familie. Alle saßen still und stumm um den Mittagstisch. Mutter weinte, ich mochte nicht essen, oder tat jedenfalls so. Eigentlich war ich nämlich froh, diese Klasse, in der ich sowieso nicht heimisch geworden war, los zu werden. Der Lehrer gab mir noch mit auf den Weg, ich sei ohnehin ein Jahr zu früh, eigentlich müsse ich schon vom Alter her ein Schuljahr wiederholen. Als ich das zu Hause in die Diskussion einwarf, lachten mich alle aus, jetzt wolle ich wohl aus der Not eine Tugend machen. Später, mein Vater war vom Dienst zurück, rechneten meine Eltern nach und es stimmte, in dem ganzen Chaos der Wiederaufnahme des Schulunterrichts musste der Fehler passiert sein. Das verhinderte nun aber nicht, dass ich den ganzen Hohn und Spott der eigenen Geschwister und Nachbarskinder aushalten musste. Die erwachsenen Nachbarn deuteten auf mich als abschreckendes Beispiel. Trotzdem kann ich mich nicht erinnern, besonders unglücklich gewesen zu sein. Im Wald lachten die Bäume mit mir über den Spott und mit meinen Träumen verjagte ich alle lästigen Wirklichkeiten.

Nur als ich mich in der neuen Klasse meldete, war ich zunächst die Sitzenbleiberin, das war mehr als unangenehm. Unbedingt wollte ich in der neuen Gemeinschaft anerkannt sein, dazu gehören, mittendrin sein. So begann ich meine Hefte sauber zu führen, machte regelmäßig Aufgaben, meldete mich für Sonderleistungen. Meine Bücher pflegte ich sorgsam. Der Erfolg kam schnell, ich schrieb gute Noten und war unendlich stolz. Noch heute denke ich mit Achtung an unseren Lehrer, Herrn Krohm. Warum er mich von Anfang an mochte, weiß ich nicht. Er nahm hin und wieder meine langen, dicken Zöpfe in die Hand und meinte: „Du schaffst das schon, ganz bestimmt." Er machte mir so viel Mut und ich habe ihn nicht enttäuscht.

Ja, meine Zöpfe, da war ich immer stolz darauf. Als ich groß genug war, mich selbst zu kämmen, durfte ich meine Haare wachsen lassen. Ich hatte schönes, dunkles, naturkrauses Haar. Mein Vater liebte meine Zöpfe und nahm sie oft mit den Worten: „Ein Mädchen muss langes Haar wie dieses haben," in die Hand und zog mich neckend daran. Wir lachten zusammen und das war sehr schön. Doch wie das so ist, als ich schon einige Zeit zum Konfirmandenunterricht ging, wurde es Mode, die Haare kurz zu tragen. Und ich wollte dabei sein, wenn die Zöpfe überall der Schere zum Opfer fielen. Längst hatte ich einen festen Platz mitten in der Klassengemeinschaft. Man akzeptierte mich, wie ich war. Meine vorlaute Schnute wurde geduldet, da die Leistungen stimmten. Mit und ohne Zöpfe war ich gelitten, doch sie sollten ab. Mein Vater wehrte sich lange. Eines Tages stand er in der Küche mit der Schere in der Hand. „Komm her, dann will ich es wenigstens selbst machen." Nun tat er mir fast leid, ich setzte mich aber gehorsam auf den von ihm hin geschobenen Stuhl und - ritsch-ratsch, die Haare waren ab. Da saß ich nun, betrachtete meine Zöpfe in der Hand und konnte mich nicht rühren. Wie festgewachsen kam ich mir vor, irgendwie fehlte mir etwas. „Komm, gib sie her," murmelte mein Vater. Er trug die Zöpfe ins Schlafzimmer, band rote Bändchen um die Schnittstellen und legte sie in seine Schublade. Als er zurück kam sah er mich noch immer da sitzen und meinte: "Immer wenn du dir nicht zu helfen weißt, bleibst du sitzen. Im Leben geht es aber immer weiter, los, steh auf, Mädchen."
Kurz darauf wurde ich konfirmiert, ich trug eine Schillerlockenfrisur.

Wenige Monate später wurde mein Vater bei einem Arbeitsunfall getötet. Wir hatten uns schon mit dem Zopfabschneiden getrennt, dachte ich später oft, doch es tat sehr weh, den Vater nicht mehr zu haben. Die Zöpfe hatte ich hergegeben, der Vater wurde mir genommen. Wieder war ich unfähig, etwas zu tun. Meine Lehre als Floristin hatte ich schon begonnen, mein Vater war so stolz, dass ich eine Lehrstelle fand und machte mir Mut, mich später selbständig machen zu können. Ein eigener Blumenladen, ja das wäre es, dachte ich. Nun war mein Lebensberater, mein Mentor, fort. War ich wieder sitzen geblieben?

In dunklen, stillen Nächten spürte ich seine Nähe. Da geschah es dann auch, dass ich ihn sagen hörte: „Durch das Leben muss man gehen. Sitzen bleiben hilft nicht weiter."

Meine Lektionen habe ich gelernt, das Leben habe ich angenommen mit allen Höhen und Tiefen. Vor allem habe ich den Ratschlag einer Lehrerin bei der Schulentlassung immer beherzigt, ich bin mir immer treu geblieben.

Meinem Vater folgend bin ich nie mehr sitzen geblieben.

Die Kartoffelschälmaschine

Als Anfang der fünfziger Jahre in meiner Heimatstadt Hagen die erste Haushaltswarenmesse nach dem Krieg statt fand, besuchten meine Eltern, die immer neugierig auf alles Neue waren, diese sehr erwartungsvoll. Wir Kinder konnten aus Kostengründen nicht mitgehen und warteten zu Hause gespannt auf die Rückkehr der beiden.

Bei ihrer Ankunft bestürmten wir sie mit tausenderlei Fragen und erhielten nur eine einzige Antwort vom Vater, dass er eine Kartoffelschälmaschine gekauft hat, damit die Mutter bald gar nichts mehr zu tun brauche. Außerdem sei das Ding sauteuer und wir müssten jetzt um so mehr Kartoffeln essen. Meine Mutter sagte mir, dem einzigen Mädchen unter drei Brüdern, Papa hätte es schon auf dem Heimweg gereut dieses „Schissding" gekauft zu haben. Ich war für meine Mutter schon früh so eine Vertrauens-beicht – Freundin, wie es für Frauen damals üblich war, die nur auf die Familie fixiert waren.

Als nun das Paket mit der Kartoffelschälmaschine eintraf, blieb es so lange ungeöffnet, bis der Vater vom Dienst, er war Lokführer bei der Bundesbahn, kam. Wir schlichen alle um das Paket herum und selbst als mein Vater kam, dauerte es noch unendlich lange, bis das Wunderwerk ausgepackt auf dem Küchentisch stand; denn Vater musste erst essen und sich erholen! Nun wurden die bereitgelegten und gewaschenen Kartoffeln eingespannt zwischen zwei spitzen Haltern, die mit kleinen Stahlfedern fixiert waren. An einer Seite war eine Kurbel und wenn man diese betätigte, führte man ein Messerchen über die Kartoffel und sie verlor ihre äußere Hülle. Aber nur bis zu einer gewissen Tiefe! Augen und Dellen blieben erhalten! So musste man jede Kartoffel nachschälen. Meine Mutter beeilte sich zu versichern, dass dies überhaupt kein Problem sei. Meine Brüder nickten eifrig; denn sie taten in der Küche ja ohnehin nichts, sie waren ja Jungens! Mein Vater war hellsichtig genug, das Dilemma gleich zu erkennen und sagte ärgerlich: "Man sollte meinen, die hätten da nur glatt gewachsene Kartoffeln und noch nie so krumm und buckelige gesehen. Alles Betrüger. Aber du wolltest sie ja haben, nun sieh zu, wie du damit zurecht kommst." Er schob sie über den Tisch auf meine Mutter zu und diese wagte den kleinen Einwand: „Du hast sie mir doch zum Hochzeitstag geschenkt." Hilfesuchend sah sie mich an und ich beruhigte sie, dass ich helfen würde. Mein jüngster Bruder rief noch im Hinausgehen: „ Musste ja so wie so, bist ja ein Mädchen."

Zum Abendbrot gab es eine Riesenpfanne Bratkartoffeln von rohen Kartoffeln. Die ganze Familie aß diese gerne und kriegte kaum genug. Doch ich hatte eifrig geschält und nachgepult. Meiner Mutter taten von der Dreherei schon bald die von Rheuma geplagten Hände weh, so dass ich auch diese Arbeit mit übernommen hatte. Mir wurde bald klar, als weibliches Geschöpf hatte ich den schlechteren Part im Leben erhalten. Auch in den nächsten Tagen und Wochen gab es immer wieder Kartoffelgerichte und ich half so oft ich konnte, doch nie ohne Protest mit dem Hinweis, meine Brüder könnten doch auch helfen. Mein Vater sagte nur: „Du bist die Däne." Er sprach Westfalen-Platt und Däne ist so was ähnliches wie Dirn oder Dirndl. Einmal fragte ich meine Mutter, ob es üblich sei, dass man sein Geschenk zum Hochzeitstag abarbeiten müsse und sie sagte: „Bei uns schon. Doch bald stell ich das Ding in den Schrank und sag, es ist kaputt." So tat sie es. Als aber mein Vater dies merkte befahl er, es wieder zu benützen. Da weigerte sich meine Mutter und sagte aus tiefster Überzeugung: „So was können nur Männer für Frauen erfinden." Meine Eltern redeten eine Zeitlang nicht miteinander, das heißt, mein Vater sprach nicht. Meine Mutter litt unsäglich, doch bei meinem Vater biss sie auf Granit. Er war der Überzeugung, dass erstens meine Mutter mit dem Geschenk einverstanden gewesen sei und zweitens die Kartoffelschälmaschine eine gute Errungenschaft moderner Technik wäre, immerhin erziehe sie zur gemeinsamen Arbeit. Natürlich zwischen Mutter und Tochter. So äußerte er sich meinen Brüdern gegenüber, immer so laut, dass meine Mutter es hörte.

Eine Nachbarin kam eines Tages um sich Eier zu leihen und betrat die Küche. Sie fing laut an zu lachen und schaute mir zu, als ich unser Wundermaschinchen bediente: „Herrgott noch mal, seit ihr auch darauf herein gefallen?" Sie lachte weiter und meinte, sie hätte ihre gleich weiter verschenkt, als die ersten Versuche sich als Fehlleistung heraus stellten. Mutter fragte: „Haben sie vielleicht nicht lange genug geübt?" „Weiß ich nicht, jedenfalls wollte ich sie nicht mehr." Vater kam herein und nahm die Maschine vom Tisch. „Sie sollten es noch einmal probieren, Frau Naschitzki, wir jedenfalls können es jetzt und wenn sie es dann auch können geben sie diese weiter an die Nächste, damit die auch so fröhlich ist und so herzlich über andere lachen kann, wenn sie einen Fehlkauf machen." Frau Naschitzki war sprachlos und stellte die KSM zurück. „Ne, ich will sie nicht." Sie nahm die Eier und verschwand sehr schnell. Genauso schnell verschwand die Kartoffelschälmaschine und keiner wusste wohin.

Mutter sagte nur zu mir: „ Siehst du Kind, so ist das mit den Männern. Erst wenn Fremde kommen und ihre Leistung oder Entscheidung verlachen treffen sie eine Entscheidung. Irgendwie müssen sie immer erst in ihrer Ehre gekränkt werden."

Ich schwor mir damals, nie einen Mann zu nehmen, der das nötig hätte. Doch ich muss eingestehen, ganz ohne Tricks kam ich bisher auch nicht immer aus.

Leben

Hoffnung, Freude auf das Leben,
starte durch Verwegenheit.
Lachend niemals aufgegeben
alle Töpfe stehn bereit.
Und ich schaute in das Glas
sah das Aas, es fraß Gras
am Straßenrand, - hab,s nicht erkannt.

Unverbessert ausgelebt
Tag um Tag, Zeit vergessen.
Grosse Träume angestrebt
mit Unmöglichem mich gemessen.
Und ich schaute in das Glas
sah das Aas, es fraß Gras
am Straßenrand, - hab,s nicht erkannt.

Im Gespräch noch immer streitend,
doch auch still zuhörend, träumend
suchend in den tiefsten Weiten
nach der Weisheit Trugschlussschäumen.
Und ich schaue in das Glas,
seh das Aas, es frisst Gras
am Straßenrand, - habs heut erkannt.

Richt mich ein in meinem Sein,
lass das Schiffchen fahren.
Heimse keine Ehr mehr ein,
freundlich lauschend Sinnenjahren.
Noch schaue ich in das Glas
noch sehe ich das Aas, es frisst Gras
am Straßenrand, - habs längst erkannt.

Schöpfungsgeschichte vom Amazonas

Als die Welt erstand und sich der Himmel neigte um die Erde zu küssen und die Wasser zu umarmen, trennten sich diese und der Himmel gebar die Lüfte und spannte sich über sie. Es füllte sich das Wasser und die Erde mit Lebendigem und sie befruchteten einander. So erstanden auch die Tiere und der Urmensch.

Der erste Mensch nun war unvollkommen und entbehrte vieler Gefühle, böser und leider auch glücklich machender Art. Er hatte eine Seele, wusste aber nichts von ihr, da ihm gut und böse nicht vertraut waren, lebte er gleichgültig dahin und nur der Erhaltung des Lebens verpflichtet. Seine Gestalt war unvollkommen und durch zu kurze Beine weder flink, noch geschickt, da auch die Arme kurz und die Hände plump waren.

In den Lüften wanderten die Göttlichen herum und begutachteten die Werke. Die Mondgöttin sah, dass vieles nicht recht gelungen und dass der Mensch nicht gut war. Sie setzte sich an den Erdenrand und weinte unaufhörlich. So entstand der Amazonas.

Die Mondgöttin stieg bald weinend hinauf in die Lüfte und zum blauen Himmelszelt. Die Wasser stürzten aber nun unaufhaltsam über den großen Stein und der Fluss wuchs zum größten unserer Erde.

Die Urmenschen nannten den Stein an seiner Quelle „ Großer Redner ".

Unterhalb von jenem Ort saß einer der Urmenschen und ruhte. Er hatte Früchte gesucht und diese barg er in Blatttüten. Dann streckte er seine missratene Gestalt aus und wollte schlafen. Er hörte ein leises

Knacken im Gesträuch und sah auf. Ein Panther lehnte an einem Baum und hatte seinen Speer auf ihn gerichtet. Erschrocken sprang er auf und rief: „Halt ein, ich bin doch dein Schwiegervater."

Der Panther ließ den Speer sinken und fragte erstaunt: „Wieso bist du mein Schwiegervater?"

Der Urmensch, selbst erstaunt über seinen Zuruf, antwortete schnell: „Ich habe zwei Töchter, die wollte ich dir morgen schicken, damit du mit ihnen einen edleren Menschen als ich es bin zeugen solltest."

Der Panther schnalzte mit der Zunge und rieb sein Fell an einem Stamm. Mit der Antwort ließ er sich Zeit.

Dann sagte er: „Einverstanden, ich erwarte deine Töchter bald, sonst..." Er ließ offen, was er damit meinte.

Der Urmensch war froh, sein Leben gerettet zu haben, er wusste, er konnte es nur verlieren durch ein anderes Lebewesen, die Natur hatte den Tod im Alter für ihn nicht vorgesehen.

Als das Menschlein heimkehrte, sah er seine Töchter mit ihren Gespielen und fand sie schön. Er rief sie zu sich und teilte ihnen mit, was er dem Panther versprochen hatte.

Sie aber sagten: „Nein."

Er wusste, das war unumstößlich.

Also suchte er nach einer Lösung und rief den Rat der Geister.

Er legte sich in der Einsamkeit des Waldes in eine Höhle, kaute Kräuter und verzehrte sich ansonsten, indem er viele Tage lang keine Nahrung und Wasser zu sich nahm. Er schlief auch nicht, schickte seinen Geist in die Lüfte und rief nach den Göttern. Er sang so lange Lieder ohne Worte, bis er glaubte zu schweben. Es dauerte eine Weile, bis er die Weisung erhielt, wie er sein Problem lösen könnte, handelte aber unverzüglich.

Er begann aus auserlesenem Palmenholz zwei Figuren zu schnitzen von schöner, schlanker Gestalt mit wohlgeratenen Gliedern.

Als sie so vor ihm lagen, suchte er nach dem Leben, dass er ihnen geben musste.

Er rief wieder die Geister, bat die Götter und fragte die Winde. Er blieb ratlos.

Nun setzte er sich in die Sonne, bis er den Verstand verlor, kroch mit den Figuren in seine Höhle und strafte sich mit Hieben einer Lianenrute.

Er verlor völlig die Besinnung, stöhnte, flüsterte unverständliche Worte. Er liebkoste dabei die Puppen und legte sich schließlich über sie. Er weinte und netzte mit seinen Tränen ihre Leiber.

Er spürte ein warmes, erquickliches Gefühl in seiner Lende.

Erschöpft viel er endlich zur Seite und schlief ein.

Leises Singen weckte ihn auf und er sah seine Geschöpfe im Sonnenlicht vor der Höhle tanzen und sah: sie waren Weiber.

Er küsste sie und sagte ihnen, dass sie dem Panther gehörten durch sein Versprechen. Sie nickten; denn sie wussten schon davon.

Also gingen sie durch die Wälder bis zum Rand des Monsterwaldes.

Ein Rudel wilder Panther versperrte ihnen an einer seichten Stelle des Flusses, den sie überqueren mussten, den Weg und sie töteten eine von ihnen. Die andere konnte flüchten und lief so schnell sie konnte weiter und traf bald auf den für sie vorgesehenen Panther.

Sie lebte von nun an mit ihm in Liebe und der Panther erfüllte all ihre erwachenden Sehnsüchte.

Am Morgen, wenn sie die Sonne weckte, holte sie ihm frisches Wasser und er streichelte ihren Leib, küsste ihre Brüste und liebte sie. Die wunderbaren, heißen Gefühle genoss sie wie jeden neuen Tag in Hingabe und dem Bewusstsein, dass nun ihr Leben vergänglich war, wie das Leben der übrigen Natur.

Sie gebar ihm zwei stolze, wohlgeratene Menschensöhne.

Jedoch verbarg sich am Tage der Panther vor den Söhnen, denn ihre Mutter wollte es so.

Als diese erwachsen waren, lernten sie das Jagen von den Wildtieren und übten es mit großem Geschick aus. Eines Tages gingen sie wieder in den Wald. Zunächst jagten sie so viel, wie sie für den Hunger brauchten.

Sie hatten noch jeder einen ihrer selbst geschnitzten Pfeile am Schultergurt, legten sich unter einen Baum, um zu ruhen, sahen in das grünüppige Blätterdach über ihnen und griffen spielerisch ins Gras.

Da sahen sie auf dem Baum einen wunderschönen, bunten Vogel, dessen Gefieder im warmen Sonnenlicht aufglänzte. Sie wollten ihn erlegen, darüber waren sie sich schnell einig.

Als sie ihren Speer hoben, rief der Vogel: „ Warum wollt ihr mich töten? Eben töten die Panther eure Mutter. Spart den Speer für die Rache." Im selben Moment verlor der Vogel seine wunderschöne Gestalt und ein Feuerschweif zog in das Blau des Himmels.

Die Knaben hielten inne, erkannten die Besonderheit des Momentes, erfassten in dem Augenblicklich ihre eigene Einzigartigkeit und rannten zur Hütte der Mutter zurück. Sie fanden sie tot auf ihrem Lager.

Die jungen Männer wurden rasend vor Wut und Schmerz, besannen sich jedoch bald und bereiteten ihre Rache gut vor. Sie stellten scharfe, schlanke Pfeile her, die gut in der Hand lagen, bereit, dem Wind gehorchend ihr Ziel zu finden. Als sie nach kurzer Suche die Panther fanden, töteten sie alle, bis auf einen. Dieser hatte sich verborgen, trat nun hervor, schaute sie an, als er ihren Speer erwartete und sagte: „ Ich bin euer Vater, ihr seid aus meiner Lende." Die Jäger standen still und wollten zunächst nicht glauben, was sie hörten. Doch sie wussten von den Begegnungen der Mutter mit dem Panther, wenn auch nicht von ihrer Liebe und Hingabe, aber ihrem fröhlichen Singen, wenn er sie verließ und glaubten nun doch, was sie hörten.

Sie verzichteten darauf, ihn zu töten und riefen ihm zu: „ Geh in den Wald und verstumme für immer."

So verlernten die Tiere zu sprechen.

Der Mensch aber war geschaffen, die Ordnung der Geschöpfe eingerichtet.

Der Amazonas nährt sich noch immer von den Tränen der Mondgöttin; denn der Mensch ist vollkommen, doch an sich selbst gescheitert. So sprudelt das Wasser weiter über den Stein „Großer Redner" hin zum Meer und auf seinem Weg dorthin sieht er die Wunden der Natur, von Menschenhand geschlagen.

Diese Geschichte wird so oder ähnlich noch heute den Kindern der Ureinwohner am Amazonas von ihren weisen Alten erzählt.

Tochter

Aufgewacht
und Sehnsucht gehabt
nach dir
deiner Liebe
deiner Sehnsucht nach mir.
Traurigkeit gespürt
weil wir keine Worte haben
keine Zeichen.

Der Sommer hat noch nie den Herbst geküsst.
Der Herbst sein
den Sommer sehen
ist wie atemlos
den Bächen nachlaufen.

Dem Winter nah sein,
der sich in weiße Tücher hüllt
ist frieren und wärmen zugleich.

Freue dich Sommer,
lach mir zu.
Bist du dereinst der Herbst
lach ich dir zu
aus weichem, weißen Tuch.

Es ist alles nicht so schlimm
nur die Angst lässt uns zittern.

Engelswollchen

Im Sommer 1994 beobachtete ich, wie Heckensträucher und mittelgroße Bäume plötzlich mit einem weißen, wolligen Gespinst überzogen wurden. Die Zeitungen berichteten später, es sei eine eingeschleppte Schädlingsraupe.

Mich erschreckte dieses Geschehen, zumal besonders viele Rotdornbäume betroffen waren, die liebe ich wegen ihrer üppigen, duftenden Blüten besonders.

An einem schönen, sonnigen Frühmorgen führte ich meinen Hund Elias am „ Kalten Wasser", einem Ederzulauf in der Gemarkung Frankenberg, aus. Am Bachlauf steht vielfältige Flora und auch einige Weiß- und Rotdornbüsche. Ein Maulbeerbaum breitete in früheren Sommern seine runde, blühende Krone aus, zu meiner steten Freude. Nun verhinderte dies das klebrige Gewöll. Ich war traurig, wollte mir das Unheil genau ansehen. Gegen meine Gewohnheit brach ich einen Zweig ab, um ihn zu Hause genauer zu untersuchen.

Als ich den Zweig in der Hand trug, war mir, als würde sie warm. Ich schalt mich töricht. Im Auto legte ich ihn auf den Sitz und schaute beim Fahren immer wieder zu ihm hin. Bewegte er sich, drehte sich? Quatsch, Lore, absoluter Blödsinn! Du spinnst! Elias beschnupperte den Zweig zu Hause und zog sich irritiert zurück in seinen Korb. Warf er mir von dort einen zweiflerisch-fragenden Blick zu?

Ich holte mir von Peter,s Schreibtisch die Briefmarkenlupe und begann, das Gewöll auseinander zu zupfen. Innen fand ich kleine, schwarze, samenkornähnliche Pünktchen, doch nichts Verwertbares für meine Forschung. Enttäuscht legte ich den Ast beiseite. Später stellte ich ihn in ein mit Wasser gefülltes Marmeladenglas und dieses auf den Boden im Badezimmer. Vielleicht entwickelte sich ja doch noch was? Ich war von Neugier und Unruhe erfasst.

Am nächsten Morgen sah ich neben dem Glas mit dem Zweig eine kleine, runde Wollkugel liegen und wollte sie aufheben. Ich war nun entschlossen, beides zu entsorgen. Ein kleiner Stich in meinem Mittelfinger ließ mich erschrecken. Ich versuchte, das klebrige Gewöll zu entfernen, es ging nicht. Ich zupfte und schüttelte, es ging nicht ab. Unwohlsein beschlich mich, ich legte mich auf den Boden, mir schwanden die Sinne. Eine Ohnmacht ließ mich tiefer und tiefer in blau-rosa Wattewolken sinken.

Ich hörte sanftes Singen, zarte Flüsterstimmen beruhigten mich und riefen meinen Namen. Leise Berührungen trugen mich durch den Raum und das geschlossenen Fenster. Ich hörte Wasser rauschen, wurde weiter und weiter getragen, bis weit in blaue Lüfte hinauf. Dort erfasste mich ein rauschender Wirbelwind, trug mich zurück, schleuderte mich unsanft durch das Fenster und ließ mich auf den Teppich fallen. Ich tauchte wieder aus meinen Ohnmachtsnebeln auf und sah in ein blasses, greisenhaftes Kindergesicht, nicht von dieser Welt und doch irgendwie vertraut. „ Wer bist Du, wo kommst Du her?" wollte ich wissen. Es verstand mich nicht und wusste doch was ich fragte. Mit einer schrumpeligen, rosa Hand zeigte es auf den Zweig und meinen leicht blutenden Finger. Es sagte etwas, das ich nicht verstand und doch wusste ich, was es sagte. Es bedankte sich für meine Lebensspende,

Fürsorge und Blut, sagte, es käme aus der neunten Dimension, friedfertig und ungefährlich. Benommen stand ich auf, stützte mich am Badewannenrand ab und hatte das fremde Wesen schon auf meiner Schulter sitzen.

Irgendwie war es angenehm warm dort, wo es saß. Es flüsterte mir etwas ins Ohr wie eine Liebeserklärung. Ich wendete ihm mein Gesicht zu, lächelte es an und sagte: „Sei lieb und such dir ein anderes Plätzchen zum Ausruhen, ich muss in meinen Laden und die Kunden würden mich sicher für verrückt erklären, schlimmstenfalls entsetzt den Laden verlassen, wenn sie dich entdeckten." Es weigerte sich, schmiegte sich an meinen Hals und ich bekam Angst, es würde erneut zubeißen. Ich bin nun mal nicht gerade mutig. Ich versuchte es mit Bitten und guten Worten, dann mit Strenge. Nichts half, es blieb sitzen. „ Hast du einen Namen?", fragte ich, „zu welcher Art gehörst du?" Wir standen vor dem Spiegel und ich sah nun, dass es etwa dreißig Zentimeter im Durchmesser groß war. Es strich mir über die Augen und ich sah plötzlich Bilder aus meiner Kindheit vorbeischweben. Ich hatte einen wolligen, weißen Pullover, den ich mal sehr gern hatte, in der Hand und zupfte an ihm herum, ich zog Wollflausch und formte daraus kleine Figuren. Meine Mutter schimpfte, ich würde das gute Stück ruinieren. Doch heimlich machte ich weiter. Meine Figürchen lagen sanft und weich in der Hand, wenn ich sie leicht blies, erhoben sie sich und legten sich wieder anschmiegsam in die Handmulde. Ich nannte sie „Engelswollchen". Die Kindheitsbilder verschwanden und ich wusste, wer da auf meiner Schulter saß, Engelswollchen! „ Oh, du," rief ich, „mein Engelswollchen." Es lächelte, ich griff nach ihm, einen Moment lang glaubte ich, es wollte sich nun doch an meinem Hals gütlich tun. Doch es schaute sehr unglücklich drein, rutschte über meinen Rücken zum Boden und setzte sich in die Ecke unter dem Waschbecken. Dort sah es so klein aus, hatte es keine Hände mehr? Ich sah, wie es immer winziger wurde, sein Gesicht verlor. Nur zwei Tränen lagen auf der Wolle, rührend-anrührend. „Komm," flüsterte ich, „du kannst noch Blut bekommen." Doch es hörte mich nicht mehr. Nichts war da mehr, außer einem versponnenem Zweig, etwas Gespinst daneben. Ich hob alles auf, es fühlte sich feucht an. Als ich leicht meinen Atem in das Wollige hinein zu blasen begann, zitterte der Zweig in meiner Hand, für einen Moment glaubte ich, mein Engelswollchen kehre zurück. Doch all mein Hoffen blieb vergebens, die Gespinste waren verklebt und leblos. Meine Träumerei flog davon.

 So wickelte ich alles in weiches Papier und legte es in die grüne Tonne.

Es klirrte leise, wie Glasglöckchen im Wind. Auf meiner Fingerkuppe schimmerte ein roter Punkt. Meine Hand lag auf der Tonne und streichelte den Deckel. Traurigkeit beschlich mich. Eine Kindheitserinnerung hatte ich eben auf eine besondere Art begraben.

Leb wohl, mein Engelswollchen.

Marienbecher

Marienbecher – Ackerwinde
Flüsterst du noch heut dem Kinde
deine bittersüße Sage
von Maria, als der Durst sie plagte,
hast du dich zum Kelch geschlossen
sie hat aus dir den Tau genossen?

Ich bin so froh, dass ich dich finde,
liebe, holde Ackerwinde.

Armer Hase

Hund jagt Hase,
senkt die Nase,
bellt im Lauf!
Nimmt Verfolgung auf.
sucht die Fährte,
die Natur ihn lehrte:
fang ihn, fang ihn,
mach ihn tot!
sieht er nicht das Morgenrot.

Für Dich, Ursula R.

Ich werde mich in Dummheit flüchten
und nächstes Jahr wohl Hühner züchten.
Und dann im nächsten Lenze
machst Du den Versuch mit Gänsen.
Wir stellen uns taub und werden stumm.......
und genießen hernieden
den eigenen Frieden.
Ja, sind wir so müde
vom Kriege?

Lara unter dem Wasserfall

Lara sehnte sich verloren. Sie brannte darauf, sich zu verlierend rein zu waschen. Wasser, dachte sie, Wasser über meinen Körper. Spüren wie alles verschwindet, weg, weg, weg.

Sie sah einen Moment dem Wasser zu, wie es herunterprasselte und auf dem Boden wieder hoch sprang und langsam unentschlossen verschwand.

Hastig entkleidete sie sich. Sie wusste, das Wasser war kalt. Sie setzte vorsichtig einen Fuß nach dem anderen in die Mulde. Sie schüttelte sich abwehrend, jedoch auch verlangend, warf den Kopf nach hinten und genoss den Kälteschauer ihres Körpers.

Sie seufzte, ließ kleine Jauchzer ihrer Kehle ertönen. Ihre Brust war noch wie zugeschnürt. Langsam, ganz langsam stieg eine wohlige Wärme in ihrem Körper auf. Sie stöhnte befreit: „Hach, tut das gut."

Sie streichelte ihren Körper und fühlte sich stark und groß. Dann ruhte sie still in sich und versank in Träumerei. Das Wasser sprang von ihrem Laib ab an die keramisierten Steine, auf ihre Füße und verschwand. Damit aller Ballast, Alltagsschrott und „Ramsch-Bamsch", wie sie es nannte.

Lara hob die Hände über den Kopf und sang Kinderlieder: „ Ein Männlein steht im Walde..."

Sie begann zu tanzen und drehte sich um die eigene Achse. Oben auf dem Steinsims saß ein Frosch und sah ihr zu. Sie lächelte ihn fröhlich an: " „Siehst du, wie sauber ich bin? Alles weg. Hurra, ich bin wieder ich, bin frank und frei."

Die Tür ging auf. Paul sagte lächelnd: „ Na hast du geduscht?" Lara schlüpfte glücklich in das bereit gehaltene, angewärmte Badetuch.

Der Zug im Schlafzimmer

Lara hatte seit einiger Zeit einen schlimmen Streit mit ihrer Tochter. Eigentlich gab es weder einen Streitpunkt noch eine wirkliche Auseinandersetzung.

Bams hatte sie einfach aus dem Haus geworfen, ohne Nennung eines Grundes. Alles was ihr einfiel zur Begründung des Entschlusses ihre Mutter nie wieder zu sehen, war zu banal für solch eine Reaktion.

Lara war ziemlich verstört als sie nach dem Rauswurf nach Hause kam. Sie weinte nicht wie sonst, war aber sehr durcheinander, zu keiner Regung fähig.

Paul erzählte sie alles ruhig und emotionslos. Sie sagte ihm, dass sie keinerlei Begründung für die Überreaktion von Bams hätte. Sie zeigte sich jedoch erschüttert über den Hass, der ihr entgegen geschleudert wurde im Beisein der dreijährigen Enkelin.

Paul spendete keinen Trost, das tat er nie, er sorgte immer dafür, nicht in irgend einen Streit zu geraten. Bezog niemals Position, Lara wusste das. Er verwies nur auf frühere Auseinandersetzungen mit Bams und das diese immer, wenn sie an einen Punkt in ihrem Leben ankam, an dem sie höchst unzufrieden mit dem Lauf der Dinge war, Streit mit ihrer Mutter suchte. Lara sei nun einmal das ideale Objekt zum streiten, ja Opfer.

Lara litt unsäglich, grübelte, suchte nach Ursachen für solch eine Hassoption auf sie, kam zu keinem Ergebnis.

Sie schlief schlecht, nahm Schlafmittel und kam doch nicht zur Ruhe.

Einmal hatte Lara einen Traum, der sie den ganzen Tag nicht los ließ. Er begann sehr schön, sie sah im Schlaf aus dem Fenster ihres Zimmers auf eine wunderschöne Landschaft. Die Sonne schien auf eine bunte Bauernwiese in voller Blütenpracht. Sanfte, sonnendurchglühte Hügel lagen vor einem mächtigen Bergmassiv. Die hohen Berge gerieten plötzlich in Bewegung und rückten immer näher, gleichzeitig hörte sie einen sich nähernden Zug mit einer Dampflok. Bis dahin war alles so friedlich und vermittelte Lara ein so warmes Glücksgefühl, dass sie es noch lange auskosten wollte. Doch das Geschehen nahm mit schnellem Tempo seinen Lauf. Die Wiesen – Hügel - Landschaft verschwand, der Zug kam laut schnaufend näher, gleichzeitig tat sich der Berg auf und bildete eine tiefe Schlucht. Die Schienen waren unterbrochen und der Zug donnerte heran und blieb nicht stehen. Lara wollte rufen, machte verzweifelte Versuche mit Winken die Bahn aufzuhalten, vergeblich. Aus dem Seitenfenster der Lok lachte ihr das fröhliche Gesicht des Lokführers zu. Unaufhaltsam kam der Zug dem Abgrund näher. Doch er stürzte nicht ab – er fuhr über den Abgrund immer weiter und machte einen großen Bogen direkt auf das Fenster zu, aus dem Lara schaute. Das Fenster öffnete sich und der riesige Zug fuhr schnaubend und zischend in das Zimmer hinein. Lara spürte den heißen, dampfenden Atem der Lok, das Zittern der Gestänge. Sie wollte schreien, - tat sie es vielleicht? Sie wartete darauf, dass ihr etwas weh tat, doch nichts. Der Zug stand einfach auf ihrer Brust und schnaufte ein letztes Mal.

Lara erwachte, versuchte sich zu orten. Es war ein Traum, das wusste sie sofort, doch sie war sich auch gleichzeitig ihrer Sorgen bewusst. Sollte es noch lange keinen Frieden geben zwischen Bams und ihr? Würde er sich noch lange auf ihr breit machen wie die Lok aus dem Traum?

Lara hatte Angst, sie konnte noch immer nicht weinen.

Lara am Seelentag

Lara saß am Schreibtisch und sah aus dem Fenster. Sie war unruhig und ihre Gedanken verloren sich im Nirgendwo. Sie hatte keinen Punkt, an dem sie sich fest -denken konnte und sie wusste, so kommt sie zu nichts. In nicht allzu weiter Ferne lockte der Wald und lud zum sich verlieren ein. Das tat sie gern und doch in letzter Zeit leider zu wenig. Aber nun war so ein Moment, in dem nichts, aber auch gar nichts sie mehr halten konnte, sie musste dorthin, wo ihre Gedanken waren. Sie schob die Verantwortung für Arbeit und Familie beiseite und sah sie wie ein Häufchen Kehricht unter den Tisch fallen. Sie lächelte ob der Erleichterung.

Schnell trat sie aus dem Haus und machte sich unbeschwert und froh auf den Weg. Der letzte Rest von schlechtem Gewissen fiel irgendwo in einen munter dahin springenden Bach, den sie leichten Herzens übersprang. Sie merkte erst spät, dass ihr ihr Hund Bella gefolgt war. Sie rief ihn an ihre Seite und mahnte ihn, brav zu sein.

So kamen sie an den Buchenwald. Zunächst erklommen sie einen, mit allerlei Kräutern und Blumen bewachsenen, Rain. Eine Unzahl von Käfern und fliegendem Getier war hier zu Hause. Lara kniete sich hin und betrachtete das emsige Treiben. Sie hatte sich schon immer vom Gewimmel der kleinsten Lebewesen faszinieren lassen und auch heute schaute sie gebannt auf das scheinbar ungeordnete Gewimmel, erkannte jedoch bald, dass sich hier kein Tierchen, ohne einer Ordnung zu unterliegen oder ohne Sinn und Zweck, bewegte. Ein Schmetterling in den schönsten blau-lila Farbtönen eingefärbt, schimmerte im Sonnenlicht wie Aquamarin. Er schaukelte auf einer zarten, wilden Glockenblume und tauchte seinen Rüssel in ihren Kelch, um tief auf dem Grund noch letzte Reste Tau zu finden. Tausendfüßler und bunte Käfer mit ihren Familien suchten sich durch Blatt- und Nadelgewirr ihren Weg.

Der Hund scharrte mit den Pfoten im Laub und Lara wurde ärgerlich ob der Störung des Friedens auf dem Waldboden. Sie ging weiter und erklomm den oberen Rand des Raines. Hier standen ihre Freunde, die alten Buchen mit ihren silberhellen Stämmen und dem hellgrünen Blätterkleid, dass wie zarter Musselen sich tanzend im Frühlingswind bewegte. Die Bäume waren sicher mehr als zweihundert Jahre alt, aber ihr Kleid legten sie sich Jahr für Jahr neu und immer wieder gleich um das Geäst. Lara sah, dass die Kleider frisch waren, die einzelnen Blätter klebten noch leicht zusammen und die braunen Hüllen, in die jedes Blatt einzeln verpackt gewesen war, lagen noch locker am Boden. Der leichte Frühlingswind half beim Auspacken und Entfalten. Die Buchen bewegten ihre Äste sanft auf und ab, so kam alles in seine ihm zugedachte Lage. Dicke Wurzel wanden sich über den Grund und suchten festen Halt. Lara wusste, dass hier nur dünner Humus auf Felsengestein lagerte. Die Wurzeln mussten schon sehr tief greifen, um Nahrung und eine feste Verankerung zu finden. Sie lehnte sich an einen Stamm, nickte dem Eichelhäher zu, den sie zwar nicht sah, aber hörte. Er hatte schon eine Weile lang ihr Kommen dem übrigen Waldvolk mit seinem Krächzen gemeldet, sie freute sich, wenn er so eifrig Polizei spielte und schlang die Arme nach hinten versuchsweise um den Baum. Sie sah nach unten und bemerkte das aufgehende Leben. Buschwindröschen, Geißblatt und wilde Nesseln blühten schon vereinzelt. Aronstab und Jelängerjelieber brachen vorsichtig durchs Laub. Junges Heidelbeergrün spross in Gruppen und einige wenige Maiglöckchen verströmten zarten Duft. Hier war kein Käfer oder anderes Insekt zu sehen, das Laub verbarg sie. Bella lag am Boden und grub die Nase in den braunen Humus. Dabei stieß sie schnaubende Geräusche wie ein Trüffelschwein aus. Sie war sichtlich zufrieden. Lara streichelte ihr lächelnd über den Kopf. Sie legte sich zwischen zwei Wurzeln wie in eine Grube. Ihr Kopf lehnte am Stamm und die Hände grub sie in den feuchten Boden. Erde zu spüren und festzuhalten gab ihr immer ein besonders gutes Gefühl von Verbundenheit mit der Natur. Sie hob die Hände mit dem Erde-Laubgemisch, roch daran und ließ es über ihr Gesicht rieseln. Ein Stöckchen lag auf ihrem Mund und sie blies es hoch. Sie sah durch den Blätterdom ins Licht und fühlte ihre Seele aufsteigen. Seelentag, dachte sie. Das ist mein Seelentag. Sie war glücklich, leicht und befreit. So hätte sie noch lange liegen können, doch die aufsteigende Kühle aus dem Boden ließ sie erschauern und schon war da etwas in ihr, dass sie ermahnte, nicht gar so verantwortungslos zu sein. Sie hatte schließlich Mann und Kinder.

Lara stand auf und sah auf die Stelle, auf der sie gelegen hatte. Gras und Moos waren zerdrückt und sie hoffte, kein Krabbeltierchen verletzt zu haben. Sie legte ihre Hand darauf und flüsterte „Mein Seelenwaldbett, ade." So ging sie denn langsam und selbstvergessen den Weg zurück. Der Hund sprang voraus und trank vom Bach. Veilchen blühten am

Ufer. Eines wollte Lara mit nach Hause nehmen, nur eins. Sie wollte es trocknen und zur Erinnerung behalten. Sie entschuldigte sich bei dem Blümchen, dass wegen ihrer Selbstsucht leiden musste, doch sie konnte nicht widerstehen.

Als sie fast zu Hause war, sah sie ihren Mann am Tor stehen und nach ihr Ausschau halten. „Wo warst du, wir haben uns Sorgen gemacht. Die Kinder haben Hunger," rief er. Lara erschrak und mit ihr ihre Seele und im Herzen war ein Stich, weil sie so plötzlich zurückgeholt wurde aus ihrer Seeligkeit. Leise sagte sie und schaute Paul mit einem verlorenen Blick an „Ich habe einen Seelentag gemacht, weißt du, einen Seelentag." „Wenn Lara mich so anschaut," dachte Paul, „dann muss ich sie in Ruhe lassen. Wer begeht schon einen Seelentag? Nur Lara.!"

Begegnung

Du kleiner Goldblondkopf
mit den warmen braunen Augen
in denen Kupferflitter glänzt
strahlst mich an.
Legst die Barschaft auf den Tisch.
„Für meine Mutter"
flüsterst du,
lächelst so lieb.
Dein Finger zeigt,
deinen Lippen entflieht ein leises:
„Das."
„Dieses?"
Ja, das bunte Körbchen soll es sein.
Gesammeltes und Gespartes auf dem Tisch.
Reicht nicht.
Deine braunen Augen
brechen mein Herz auf.
Dein Lächeln wärmt mich.
Kleine, helle Blitze deiner Augen
treffen mich.
Gold-Blond-Köpfchen
nimm
für deine Mutter.
Ein lächelndes Danke,
so fröhlich,
so beglückend.
Die Tür halte ich dir auf,
danke,
bitte,
wir lächeln beide,
ich liebe dich
für deine kindliche Wärme.

Gold-Blond-Köpfchen,
danke,
für den hellen Tag.

Ablebensdatum

Professor Dr. Daniel Burg machte seinen obligatorischen Mittagsschlaf. Heute gelang es ihm aber nicht wie sonst, wirklich einzuschlafen, er döste nur so vor sich hin. Warmer Sonnenschein viel durch die halbverdunkelten Fenster und setzte sich frohen Wirkens auf dem bunten Strauß mit Herbstblumen nieder. Margarete, seine Frau, hatte ihn mit viel Freude am Arrangieren dort angebracht mit den Worten: „ Der ist für morgen, deinen großen Tag." Daniel dachte daran, dass er morgen achtzig Jahre würde und sein jetzt stilles Zimmer von Menschen überquellen würde. Er schaute auf seine schier endlosen Reihen Bücher an den Wänden, nickte ihnen mit den Worten, nur so dahin gemurmelt, „Alte Freunde," zu und begann zu grübeln, was er eigentlich nicht wollte. Die Vergangenheit trat still und unterwürfig ins Zimmer.

Daniel war gelernter Kinderarzt. So sagte er oft lächelnd, wenn ihn, insbesondere Frauen, darauf ansprachen und er zugeben musste, dass er gern diesen Beruf ausgeübt hatte. Er folgte aber früh dem Ruf in die Forschung und fast gleichzeitig an die Universität. In der Klinik bedauerten Kollegen und Klinikleitung sehr seinen Fortgang, mussten aber zugeben, dass er in der letzten Zeit sehr verschlossen gewirkt hatte, ja bedrückt, irgendwie verfolgt. Besonders als er aus organisatorischen Gründen die Neugeborenenabteilung übernehmen musste.

„ Fort, fort," flüsterte Daniel, wollte die Gedanken verscheuchen, die ihn nach langer Zeit wieder einmal einzuholen drohten. Zu bedrückend war die Erinnerung an die Zeit, in der er bald glaubte, den

Verstand zu verlieren und gleichzeitig erkennen musste, dass er mit scharmanischen Wahrnehmungen ausgestattet war. Unwirsch schob er die wärmende Decke von den Knien und verscheuchte gleichzeitig damit die Katze, die schnurrend darauf gelegen hatte. Mit einem Satz sprang sie zur Tür, die gerade auf ging und Margarete kam mit einem Tablett, auf dem Geschirr gefährlich klapperte ob des Zusammenstoßes zwischen Tier und Mensch.

„Nanu," lächelte die Frau, „ habt ihr euch nicht vertragen? Oder warum hat es Luischen so eilig?" Margarete spürte sofort die nachdenklich, miesepetrige Stimmung ihres Mannes. Sie setzte das Tablett auf dem ovalen Tisch am Fenster ab, stellte Tassen und Kaffee bereit und sagte: „ Komm, mein Lieber, trinken wir erst ein Tässchen und dann sagst du mir, was dich bedrückt." Sie ging noch zum Fenster und zog die Gardinen zurück mit den Worten: „ Schau die herrliche Sonne, das haben wir nicht oft, so ein helles Strahlen."

Daniel drehte seinen bequemem Schlafsessel zum Tisch und sah seine Frau an. Wie geschäftig sie war, noch immer so beweglich, trotz der rundlichen Figur, ihre Augen so klar wie ihre Gedanken, ihre Stimme, ihr Lachen fest und rein. Margarete war zehn Jahre jünger als er, sie hatten nun vierzig gemeinsame Ehejahre miteinander verlebt und nie hatte er das Gefühl gehabt, etwas versäumt zu haben. Ob sie? Er hatte sie nie gefragt.

Munter begann Margarete ihm darzulegen, wie morgen nun alles vonstatten gehen sollte. Sie würde gleich früh nach der Andacht, an der auch die Kinder teilhaben würden, letzte Einkäufe machen. „Um elf kommen die Offiziellen, da wird's eng hier," lächelte sie und streichelte seine Hand, „ aber das ist nur kurze Zeit, die verschwinden schnell. Über Tage kommen nur wenig Gäste, die Familie bleibt unter sich. Am Abend spielt dir der Posaunenchor auf und der Kirchenchor singt." „ Dann ist aber Schluss," rief Daniel dazwischen. „ Ja, sicher, dann gehen wir essen, dann sind wir einfach nicht mehr da," sagte sie beschwichtigend. Margarete sah, Daniel ging es irgendwie nicht so recht, sie sorgte sich um ihn. Der Kaffee hatte nicht wie sonst seine aufmunternde Wirkung gehabt. Dabei ging es ihnen doch so gut, beide in Pension, sie war Pfarrerin mit eigener Pfarrei gewesen, immer waren Besucher im Haus gewesen, Menschen, die irgend ein Problem hatten. Nun aber war Ruhe in ihr Leben eingekehrt, sie lebten ihre Interessen aus und störten sich dabei nicht. Sie brachte das Geschirr in die Küche und überlegte, ob sie nicht noch einmal einkaufen gehen sollte, schob diesen Gedanken aber zur Seite und ging in ihr Zimmer um zu lesen.

Währen dessen stand Daniel am Bücherregal, strich mit den Fingern über die ledernen und leinenen Bücherrücken, spürte in sich eine zwanghafte Enge, die ihn schnürte. Unruhig begann er im Zimmer auf und ab zu gehen, öffnete Schubladen, schloss sie wieder, setzte sich. „ Ich sollte spazieren gehen," dachte er
 So ging er in die Diele und zog sich an. Margarete kam aus dem Zimmer und wollte mit ihm gehen. Er nickte zustimmend. Als sie aus der Haustür traten, fragte sie: „ Zum Strand oder in den Wald?" „ Strand," antwortete er knapp. Wortlos gingen sie kleine Seitengässchen entlang, kamen am Friedhof vorbei, das Tor stand auf und sie zog es ins Schloss.

Weiter ging es am Hof   Biermann vorbei und sie kamen so zum Strand. Die Ostsee lag still   und friedlich im Licht des sich   neigenden Tages. Die Sonne stand tief und leuchtete orangerot am blassblauen Himmel. Daniel seufzte: „ Dieses Licht, dieses Licht, das ist so einmalig, das gibt es nur hier." „Ja, das ist schön," meinte sie und merkte sofort, ihre Worte waren einfach zu banal für diese Stimmung. Er setzte sich auf einen riesigen Stein, sie setzte sich schräg hinter ihn und steckte eine Hand in seine Manteltasche, in der schon seine steckte. Er hatte schon den ganzen Weg lang beide Hände in den Taschen vergraben, entgegen seiner sonstigen Gewohnheit, wo er Margarete doch immer unterhakte. Nun saßen sie da, sahen auf das Meer, in die Sonne, schwiegen sich an und hörten nur das leise Rauschen der Wellen. Margarete dachte, er will mir was sagen, es sprengt ihm die Brust, ich spüre es durch unsere Mäntel hindurch. Mein Gott, betete sie still, öffne ihm Herz und Mund. Sie drängte sich fester an ihn und da kamen die Worte, leise erst, zögerlich, fast schamhaft. Ihr forderndes Schweigen, ihr spürbar offenes Herz gaben ihm Mut zu sagen: „Margarete, ich habe dich immer geliebt, du weißt es, ich war immer ehrlich zu dir. Nur einmal, am Anfang unseres gemeinsamen Lebens, da war etwas nicht ganz richtig." Stille war um sie beide, sie rieb sich an seinem Rücken. „ Das ich keine Kinder zeugen konnte, das war nur die halbe Wahrheit," sagte er langsam und sprach dann stockend weiter, „ ich hatte mich kurz zuvor sterilisieren lassen. Ich musste es tun. Eine schreckliche Gewissheit hatte ich erfahren, eine Sache, die mich, hätte ich sie an eigenen Kindern wahr genommen, um den Verstand gebracht hätte. Ich war feige." Er schwieg, sie war klug genug, nicht zu antworten. Nach einer Weile suchte er erneut nach den Worten, die nun, nachdem er spürte, wie viel Bereitschaft ihn zu verstehen in ihr war, leichter über seine Lippen kamen: „Als ich auf der Neugeborenen-Station arbeitete, untersuchte ich die Kinder direkt nach der Geburt. Dabei strich ich unter ihren Füßchen mit dem Daumen entlang. Eines Tages machte ich eine erschreckende Entdeckung. Ich ertastete eine Art Erkennungscode, ein Haltbarkeitsdatum. Ich las die Tage und Stunden der Lebensdauer der Kinder unter ihren Füßen! Stell dir das vor. Da wollte ich Reflexe testen und erfühlte einen Strichcode wie du ihn auf den Lebensmitteln siehst. In meinem Kopf entschlüsselte ich ihn ungewollt in Sekundenschnelle. Manche Code waren nicht tragisch, die Kinder erwartete ein langes Leben. Solche Ergebnisse vergaß ich schnell. Aber die anderen, die mit wenigen Tagen, Wochen. Ich konnte den Müttern nicht fröhlich gratulieren, wenn ich wusste, ihr Kind lebt nur kurze Zeit. Zum Glück waren es nur drei betroffene Babys, eines davon schwer krank und behindert. Natürlich wehrte ich mich gegen dieses Wissen, versuchte es zu ignorieren, wollte es nicht glauben. Warum um Alles in der Welt musste ausgerechnet ich mit solch einer zweifelhaften Gabe ausgestattet sein? Hatte überhaupt schon mal jemand davon gehört? Wissenschaftlich beweisbar war dies Phänomen nicht. Ich schickte meinen Vertreter zu den Erstuntersuchungen so oft es ging, nach wenigen Stunden nämlich waren die unheilbringenden Linien vergangen. Trotzdem, immer wieder las ich, wie lange das Neugeborene zu leben hatte, es war augenscheinlich gesund und doch—," Daniel atmete schwer. Er machte sich frei von Margarete und ging näher an das Wasser, wischte sich über die Augen, weinte er? Margarete saß still auf dem Stein und schaute voll Kummer auf den Rücken ihres Mannes und dachte nur: „ So lange habe ich mit ihm gelebt, ihn geliebt, mit ihm geweint und gelacht und doch nichts gewusst." Er wendete sich ihr zu, legte den Arm um ihre Schulter, stütze sich auf sie und bat: „ Komm, wir gehen heim, es wird dunkel."

Zu Hause empfing sie abweisende Stille. Margarete richtete das Abendbrot, Daniel nahm das Tablett, trug es in das Kaminzimmer und ordnete alles auf dem Tisch. Er zündete das   vorbereitete Holz im Kamin an und eine Kerze auf dem Tisch. Als seine Frau das Zimmer betrat, freute sie sich: „ Das ist schön so, das macht es gleich so gemütlich." Sie aßen schweigend, ließen das Geschirr auf dem Tisch stehen und setzten sich in ihre Lieblingssessel vor dem knisternden Feuer. Margarete wusste, er würde weiter sprechen, sie wollte geduldig sein, ihm Zeit geben sich vorzubereiten, seine Gedanken zu ordnen. In die Stille hinein sprach er mit trauriger Stimme:

„Thomas, kannst du dich an ihn erinnern, meinen besten Freund aus alter Zeit? Der Verlust seiner Freundschaft hat mich so sehr getroffen, du hast es sicher später noch gemerkt. Doch du hast mich nur einmal gefragt und als ich dich so barsch abfertigte, geschwiegen. Ich will dir sagen, was passierte. Sein und Anna,s kleiner Sohn, ich sollte sein Pate werden, ja, gewiss erinnerst du dich, ich habe so oft davon erzählt, wurde in unserer Klinik geboren. Mein Gott, ich fühlte mich so schuldig damals, so unendlich schuldig. Ich bekam Magengeschwüre, wie du weißt. Thomas und Anna gingen fort, in die

Staaten, ohne Abschied. Ich habe nie mehr etwas von ihnen gehört." Daniel trank einen Schluck von seinem Lieblingswein, Trollinger, schaute zu Margarete. Die saß still, fest in den Sessel gedrückt, so als suche sie Schutz zwischen den Polstern wie ein Kind auf dem Schoß einer ihm vertrauten Person, schaute ihn an und nickte ihm zu. Er sah ins Glas und begann von Neuem: „ Thomas hatte darauf bestanden, dass ich die Erstuntersuchung vornehme, ich wehrte mich, zog die Zeit hinaus und doch spürte ich den Code und wusste, der Kleine lebt nur kurze Zeit!--- Ich bedrängte, ermahnte beide Freunde auf ihr Kind zu achten, ihn nie, - nie allein zu lasen, selbst nachts nicht. Mein Freund ließ mir keine Ruhe, den Grund für meine Sorge zu erfahren. Immer wieder bedrängte er mich. Ich vertraute ihm mein so bedrückendes Geheimnis an. Seine Reaktion war außerordentlich boshaft mir gegenüber. Er schaute mich verachtend an, meinte nur, ich wäre kein Freund, sonst hätte ich geschwiegen, lachte einmal kurz auf und spöttelte, ich halte mich für den lieben Gott und ließ mich einfach stehen. Als der kleine Phillip am Kindstod zum von mir vorausgesehenen Zeitpunkt starb, warf ich alle Pläne für die Zukunft hin und ging zwei Jahre nach Kanada zu einem Schamanen, dem ich bei seiner Arbeit zu sah. Zurück in Deutschland ging ich in die Forschung, lernte dich kennen und fand meine Ruhe. Du hast mich ruhig werden lassen. Mit dir brach eine gute, glückliche Zeit an."

Daniel beugte sich zu Margarete und küsste sie. Er schmeckte salzige Tränen.

Sie hob die Hand und streichelte zart sein Gesicht.

„ Wir haben einen Weg gefunden, den wir gemeinsam durch das Leben gehen konnten, ohne ins Stolpern zu geraten, das war unser Glück. Die Adoption der drei Kinder fügte sich da wie der Sonnenschein im Sommer einfach so ein. Das war weniger eine gute Tat, als eine für uns notwendige Entscheidung," Margarete ergänzte seine Beichte mit diesen einfachen, wirklichkeitsnahen Worten. Sie setzte hinzu: „ Ich war immer zufrieden mit dem Leben, aber du?"

Nach einer Zeit des sich verstehenden Schweigens meinten beide, es sei Zeit, zu Bett zu gehen. Sie sagte: „ Es ist schon Mitternacht, morgen ist ein großer Tag für dich." Er lächelte: „ Ja, und der neue Tag beginnt um Mitternacht." Sie wendete sich um und griff in das Regal. Dort lag ein kleines Päckchen bereit, hübsch verpackt. Sie nahm ihn in den Arm, wünschte ihm alles was er sich wünsche und küsste ihn. Er dankte, setzte sich und wickelte das Geschenk aus. Ein altes, antiquarisches Gebetbuch war darin, auf dem Deckel glänzte im matten Licht des Kaminfeuers ein kleines, goldenes Kreuz, ihr Konfirmationsanhänger. Er erkannte es sofort. Seine Augen fragten: warum? Ihre antworteten: weiß nicht.

Arm in Arm verließen sie den Raum, nachdem sie Kerze und Feuer löschten.   Sie hatten getrennte Schlafzimmer, schon vor langer Zeit eingerichtet nach den Bedürfnissen des jedweden Bewohners. Sie wünschten sich eine gute Nacht und trennten sich mit einem liebevollen Kuss. Im Einschlafen dachte Margarete darüber nach, warum sie wohl ausgerechnet heute Abend„ seine Geschichte" erfahren hatte. Sie dankte ihm stumm.

Als am anderen Morgen Daniel nicht von allein aus seinem Zimmer kam, obwohl die Kinder und Enkel schon ungeduldig lärmten, ging Margarete zu ihm hinein, sah sein friedlich lächelndes Gesicht und wusste sofort, er war für immer fort gegangen.

Gotteserlebnis

Es war Sonntag. Ein Sonntag im Juli. So ein Tag wie er nie wieder kommt.

Die Sonne schien vom saphir-blauen Himmel mit unbeschreiblich strahlender Kraft und Schönheit. Die Luft atmete süße Düfte, sie atmete mit den Blumen, Bäumen und Sträuchern, die mit beginnender Reife besonders verführerisch erblühten und ein Aroma verströmten, das die Sinne berauschte. Kein Windhauch verflüchtigte diese wundersame Komposition der Schönheiten von Duft und Farbe. Sie verwirrten den Verstand und Lara war versucht, sich ganz diesem Zauber hinzugeben.

Sie hätte heute eigentlich arbeiten müssen. Sie war Floristin, doch ihr Chef wusste, dass an solch schönen Tagen sich kaum ein Kunde blicken ließ. So gab er ihr frei.

So lief sie denn fröhlich und unbeschwert dem Wald zu, den sie von Kindesbeinen an kannte und ihr vertraut war mit all seinen Lebewesen. Mit besonderer Liebe begegnete sie den Bäumen, oft umschlang sie ihre Stämme, atmete ihren Duft, spürte ihr Beben, Erzittern. Auch heute klang das Rauschen der Blätter wie Musik in ihren Ohren. Lara lehnte sich an einen Buchenstamm, mit ihren siebzehn Jahren noch nicht Frau und auch kein Kind mehr, umschlang ihn mit den Armen so weit es seine Größe zu ließ und erzählte ihm von ihren Glücksgefühlen, die sie sich kaum erklären konnte. Er war warm, sie spürte eine Art Seelenverwandtschaft mit ihm und erfühlte eine nur für sie verständliche Übereinstimmung. Ihm und ihr ging es gut.

Lara lief weiter, den Hang hinauf, einem kleinen Laubwäldchen zu; dass erst wenige Jahre alt war. Einige schnellwachsende Birken überragten sie kaum, als sie jedoch etwas weiter eindrang, wurden sie etwa acht Meter hoch. Es gab hier noch kein Unterholz. Der Boden war mit Gras und Moos bedeckt. Der Klee blühte, Aronstabgewächs und das unverwüstliche >Kräutchenrührmichnichtan< reckten sich zum Licht. Die Stille umfing sie wie ein Seidenmantel, die Sonne fiel durch das junge Laub bis auf den Boden und hüllte sie in wärmende Zärtlichkeit ein. Die aufsteigende Wärme vom Boden ließ die zarten Blätter an Baum und Strauch erzittern. Es knackte kein trockener Ast und kaum ein Vogellaut ließ sich hören. Die Stille drang in Lara und entspannte ihre Seele. Es war, als wollte diese sich aus ihrem Körper sprengen, sich in die Lüfte schwingen, dem Licht zu. Sie kniete nieder und faltete die Hände zum Gebet, aber es formten sich keine Worte. Sie war ergriffen vom Zauber um sie herum. Sie zitterte. Das Licht der Sonne zu spüren, die Strahlen wie Goldbänder durch das Laub dringen zu sehen, berührte sie auf eine ganz besondere Art. Sie würde das alles nie erklären können, wusste sie. Aber es war da. Eine große Liebe war in ihr und sie wusste nicht zu wem, ein unbeschreibliches Glücksgefühl durchdrang sie, sie war jedoch nicht in der Lage zu singen und zu jubilieren, damit die Spannung ihrer Seele nach ließe. Ein Beben erfasste sie. Doch wieder kam kein Laut über ihre Lippen. Da war Niemand, der über sie hätte lachen können, diese Fleckchen Erde kannte nur sie. Kein Weg führte hier her. Warum nur war sie so stumm? Sie konnte nicht denken, nur fühlen. Dieses Gefühl war so unbeschreiblich stark und nahm sie mit aller

Erhabenheit der Natur gefangen. Ja, da war eine Macht, ein Wesen, die sich ihr im Lichtzauber offenbarte, ihr ihre Allmacht zeigte. Diese Wärme, die sie spürte und beglückte auf eine Weise wie sonst nichts auf dieser Welt ! Sie wusste, das wird ihr nie wieder auf dieser Erde geschehen. Nie mehr wird ein Tag so sein wie dieser.

An diesem Tag aber ließ sie sich in alle Tiefen ihrer Gefühle fallen. Da war nichts mehr, nur dieses wunderbare Erleben von Lichtwärme und seltsamer Berührtheit. Wie lang kniete sie auf dem Boden? Ihre Hände ertasteten die Erde, das feuchte Moos lag warm und anschmiegsam in ihrer Handmulde. Neue Reize taten sich ihr auf. Da war alles beisammen und nichts wirklich. Sie schaute ins Licht, wollte wissen was da geschah. Doch auf die großen Geheimnisse gibt es keine Antwort.

So überließ sie sich dem Geschehen und erlag ihren Empfindungen des besonderen Erlebens. Ein leiser Windhauch berührte ihre Arme und legte sich auf das Gesicht. Die ersten, starken Gefühle wichen einer Erkenntnis: Gott war hier, hatte ihre Seele angerührt, sie spüren lassen, so ein Erleben schenkt er nicht allen Menschen, alle Tage. Sie fühlte sich auserwählt und doch so klein.

Ihr Herz war offen und ihre Seele bereit. Doch der Zauber verflog. Irgendwann sprach sie ein Gebet. Noch gefangen in ihren Gefühlen lief sie langsam heim. Wem sollte sie davon erzählen? Mutter? Gerd ihrem Freund, der heute nicht kommen wollte? Nein, das bewahrt man in sich auf und redet nicht darüber, wusste sie.

Lara brach unterwegs ein paar Zweige ab, um sie der Mutter zu geben.

Zu Hause warteten Mutter und Gerd auf sie, er hatte sich vom schönen Wetter verleiten lassen und war doch noch gekommen. Er fand sie sehr verändert und meinte, sie habe wohl einen anderen Mann getroffen. Lara schwieg und behielt ihr Gotteserlebnis für sich.

Bis zum heutigen Tag.

Lara schreibt einen Brief

Mein Kind,
mein Herz, ich träume von Dir. Dein kleines Gesicht
erscheint mir im Traum.
Deine Äuglein hatten das sanfteste Blau, zu dem der
Himmel fähig ist. Sie schauten mich von Anfang an
so traurig an, so verloren. Wolltest Du mir sagen,
dass Du auf dieser Welt nicht bleiben wolltest. ?

Deine kleinen Händchen haben nie nach mir
gegriffen, nie meinen Halt gesucht. Du ließest alles
mit Dir geschehen, teilnahmslos und ergeben.

Ich gab Dir einen Namen und Dein Vater wiegte Dich
in seinem Arm. Vorsichtig und lieb, doch auch ihn
lächeltest Du nicht an.

Du wolltest nicht genährt werden. Selbst die
natürliche Quelle, gepaart mit mütterlicher Nähe,
verweigertest du nach kurzer Zeit.

Ich legte Dich in mein Bett, wärmte Dich mit meiner
Liebe, aber Du, Du schautest mich nicht glücklich an.

Mein Kind, warum wolltest Du nicht bei uns bleiben?
Habe ich mich schuldig gemacht? Weil ich Dich zu
Hause entbunden habe? Hätte Dich ärztlicher
Einsatz gerettet?

 Ich fühle mich schuldig.

Du kleine, reine Seele, schwebst Du im Raum,
während ich mich auch nach all den vielen Jahren

nach Dir sehne? Bist Du bei mir? Warum schweigt mein Herz nicht?

Dein Grab gibt es längst nicht mehr. Die Zeit und eine herzlose Satzung haben Dich eingeebnet.

Doch ich trage Dich in meinem Herzen. Ich liebe Dich, Liebes Du. Nicht von dieser Welt und so weit entschwunden. Mir immer nah.

Vierzig Jahre und gestern doch. Deine Tritte in meinem Bauch spüre ich noch heute.

Auch die Deiner Geschwister, die sich dieser Welt verweigerten bevor sie sie geschaut hatten. So viele Lieben sind gestorben und nicht begraben.

Kommt, wir bilden einen Kreis von unerfüllten Träumen. Ich sende meine Sehnsüchte in Eure Welt.

Ein Kuss für meine süße Erstgeborene. Ich liebe Dich.

Deine traurige Mutter

Lara

Vater

Du bist aus dem Haus gegangen
und nicht zurück gekommen.
Ein grausames Unglück
hat Dich mir genommen
als ich Deiner sicher geworden
und bei Dir so sehr geborgen.
Das Käuzchen rief
als die Mutter schlief.
Ich bin in Dir gefangen.

So oft in meinem Leben
dachte ich an Dich.
So oft mein Tun und Streben
waren für Dich.
Im Schatten der Bäume
lag ich gefesselt in Träume.
Das Käuzchen rief
als die Mutter schlief.
Ich bin an Dir gehangen.

Berühr mich mit Deinen Flügeln
und tröste mich.
Lass mich Deinen Windhauch spüren
dann glaube ich.
Es gibt eine Zukunft im Ende.
Verlieren, gleichwohl ich Dich fände.
Das Käuzchen rief
als die Mutter schlief.
Ich hab nach Dir Verlangen.

Der Herr der Hühner

Jeden Morgen steht der Bauer sehr früh auf und kümmert sich um sein Vieh im Stall. Das weiß jedes Kind. Seine Familie hilft ihm so gut sie kann. Einer der Söhne des Bauern Stöber hat studiert und ist jetzt ein Historiker mit Doktortitel, auch er hilft in Haus und Hof, immer, wenn er gebraucht wird.

Stöbers bewohnen ein sehr schönes, altes Fachwerkhaus, mit einer überdachten Veranda zur Hofseite. Stall und Scheune sind u-förmig angebaut, genauso alt und Fachwerk wie das Wohnhaus. Im Stall werden schon Kühe und Schweine von dem Bauern gefüttert, das hört man sehr gut am lauten Muhen und Grunzen der Tiere. Im Hühnerstall werden die Hühner unruhig, sie wollen raus und gackern aufgeregt, einige haben wohl auch schon Eier ins Nest gelegt. Der Sohn soll sie heute füttern, dann kann sich die Mutter um das Frühstück kümmern.

Udo ist ein grüblerischer Mensch und schaut gern hinter die Dinge, wie er es nennt. Als er an diesem Morgen zum Hühnerstall geht, macht er sich so seine ganz besonderen Gedanken. Er entriegelt die Tür und mit lautem Gegacker rennt und fliegt das Federvieh ihm entgegen, verteilt sich über den, mit altem Kopfsteinpflaster bedeckten, Hof. Zwischen den Steinen wächst kurzes Gras, hin und wieder auch ein Löwenzahn. Es kann kaum groß wachsen, die Hühner picken es ab und suchen darunter nach Würmern.

Zunächst stellt Udo ihnen eine Blechschüssel mit kleingeschnittenen Küchenabfällen hin und sieht die Hühner unlustig darin herumpicken. „ Was gefällt euch an diesem Futter nicht," fragt er sie lächelnd. Er gibt sich selbst die Antwort, da er das langgezogene: toook-toook-toook so deutet: „ Körnerfutter mit Kraftreserven wäre uns lieber." Also geht er in die Futterküche, holt in einem kleinen Eimer, drei Schaufeln von dem geforderten Hühnerfrühstück und streut dies mit ausholenden Armbewegungen auf den Hof. War das Federvieh schon vorher aufgeregt, so gerät es nun völlig aus dem Häuschen. Es rennt wild scharrend, pickend und tockend hin und her. Der bunte, schöne Hahn springt einige Male über ein Huhn und tritt es beiseite. Er beansprucht für sich die besten Körner. Udo schaut zu und macht sich so seine Gedanken. Wer bin ich wohl für meine Hühnerschar? Wie sehen sie mich? Bin ich nur der Gummistiefel oder ein ganzer Mensch? Udo versucht sich in der Vogelperspektive, kniet sich hin und schaut von unten nach oben. Die Hühner gehen ein wenig zur Seite, verharren einen Moment, fressen dann aber unbeirrt weiter um ihn herum. Einige picken festklebende Körner von den Sohlen seiner Gummistiefel.

Eine Nachbarin kommt vorbei, wundert sich, fragt Udo, was er dort auf dem Boden suche. „ Ich denk mir so meinen Teil, wegen der Hühner, wen oder was sehen die in mir? Bin ich ihr Herr oder nur der Gummistiefel, wie viel sehen die von mir. Wie ordnen sie unsere Sprache ein?" Die Frau lächelt, sie kennt Udo von klein auf: „ Mensch, wills,te mich verulken am frühen Morgen? Glaubst du denn, ich frag mich, was die Kühe denken, wenn ich sie morgens füttere?" Sie geht, schüttelt den Kopf im weitergehen, blickt zurück und lacht.

Udo steht auf, stellt sich an die Hauswand, grübelt. Die Hühner fressen nun an der Blechschale, ständig dabei tokend, wenden sich eines nach dem anderen der Wiese hinter dem Haus zu, an der ein kleiner Dorfbach entlang fließt. Hier können sie trinken. Der Mann geht ihnen nach und sieht, wie der Hahn sich der Hühner bemächtigt und sie tritt. Die Hühner laufen laut gackernd auseinander, sie mögen die Störung offensichtlich nicht. Als sie Udo sehen, kommen sie schnell näher, rufen aufgeregt ihr tok-tok-tok. Er lacht: „ Dumme Hühner, ich hab nichts für euch." Er legt sich ins Gras und probiert noch einmal, herauszufinden, was so ein Huhn wohl sieht. Er wälzt sich im Gras zur Seite und auf den Bauch, stützt sich ab wie zum Liegestütz, schaut hoch und einem Huhn in die Augen. Er dreht sich zurück auf den Rücken und schaut in den weiß-blauen Sommermorgenhimmel. Aus dem Haus ertönt der Ruf der Mutter: „ Udo, Frühstück!" Er springt auf, das Federvieh fliegt erschrocken auseinander und gackert laut.

Als er um die Hausecke biegt, kommt die Nachbarin vom Einkauf zurück. „Na, hast du nun herausgefunden, was deine Hühner von dir halten?" „ Ja, ich bin ihr Herr, ihr Herr Gummistiefel." „Wieso Herr Gummistiefel?" „ Weil, wenn ich die guten Schuhe anhabe, kommen sie nicht und wollen Futter von mir. Nur wenn ich Gummistiefel trage." Die Nachbarin schaut erstaunt in des Mannes Gesicht und sucht nach Spuren des blanken Hohnes. Doch Udo ist ganz ernst.„ Und das hast du alles heute morgen heraus gefunden, Udo?" Zunächst noch immer verunsichert, schaut ihn die Frau an, lächelt dann und sagt: „ Ich weiß was viel Wichtigeres von den Hühnern, die sind nämlich fromm!" Nun ist der Mann wissbegierig und bittet: „ Sag."

„Keinen Tropfen nimmt das Huhn, ohne einen Blick zum Himmel aufzutun." Die Nachbarin spricht,s und wendet sich zum Gehen, lacht, wiederholt den Vers.

Der Mann lächelt und nickt: „ Stimmt, das ist wahr, ja."

Udo geht ins Haus, wo die Mutter ärgerlich mit dem Frühstück wartet. „ Mutter, reg dich nicht auf, ich hab heut schon viel gelernt." „ Hoffentlich war,s wichtig, Junge," meint sie gelassen. Sie schenkt Kaffee ein und setzt sich, beginnt die Zeitung zu lesen. Sie schaut erstaunt auf, als sie hört, wie ihr Sohn, mit der Kaffeetasse in der Hand, vor sich hin sagt: „Keinen Tropfen nimmt das Huhn, ohne einen Blick zum Himmel aufzutun."

Das Froschgericht

Immer wenn die Sonne gegen Abend mit ihren letzten Strahlen die Eichenwipfel im Hain mit warmen Gold streichelte ,begann am nahen Teich das Froschkonzert, das nur einem Zweck diente, nämlich dem Liebeswerben.

Am nicht weit entfernt liegenden Dorfrand standen die Menschen und lamentierten über den Lärm der Frösche. „Wir sollten den Teich zuschütten," sagte einer. „Ja, und gleich den schattenwerfenden Eichenhain dazu verwenden," meinte ein anderer. Ein etwas größeres Kind wagte zu bedenken, dass dann die Vögel gleich den Fröschen keinen Zufluchtsort mehr hätten und es gäbe doch sowieso kaum noch diese dort beheimateten Arten. Seine Mutter nickte dazu. Doch alle anderen Erwachsenen waren unbeirrt dafür ,den Teich und Hain zu entfernen.

Ein kleiner Frosch hatte sich bis zum Dorf vorgewagt und alles gehört. Erschrocken hüpfte er mit großen Sprüngen zum Teich zurück. Er traf gleich auf den Froschältesten und berichtete von dem eben Gehörten. Dieser war sich sofort der Tragweite der Bedrohung und seiner Verantwortung bewusst und erklomm einen Stein, von dem aus ihn die gesamte Froschgesellschaft sehen konnte. „Hört zu," rief er," und unterbrecht eure Liebesspiele und Gesänge. Wir sind in großer Gefahr und sollen unsere Heimat und Lebensgrundlage verlieren. Der Mensch besinnt sich seiner Macht über uns und will den Teich vernichten .Die Frösche duckten sich und waren ratlos. Einige weinten. Eine alte Unke rief: „Nun müssen wir uns auf das letzte Mittel besinnen und das Froschgericht

63

anrufen; Froschältester, walte deines Amtes!" So geschah es dann.

Der Froschälteste begab sich zum Eichenhain und rief den Vögeln die schreckliche Botschaft zu. Dann erklomm er mit großen Mühen die höchste Eiche und ließ sich in ihrem Wipfel nieder. Er seufzte leise ob seines Kummers. Dann begann er zu beten und rief den Herrn an. „Gott du allmächtiger Schöpfer des Himmel und der Erde, du weißt was uns geschehen soll. Ich habe von dir die Macht bekommen, das Froschgericht zu halten, wenn unsere letzte Bastion von den Menschen zerstört werden soll. In Sorge um meine Art und alle Lebewesen bitte ich dich, gib mir die Kraft zu richten, Herr, du hast die Kraft alles zu tun oder nichts. Du bist der Herr, Amen".

Müde und in tiefer Sorge begab sich der Frosch wieder zum Teich um sein Schicksal anzunehmen. Die Vögel lärmten nicht mehr und die Froschgesänge waren verstummt. Sie saßen dicht beieinander und machten sich gegenseitig Mut ohne wirklich tapfer zu sein. Er setzte sich unter ein großes Blatt und war gewillt alles mit sich geschehen zu lassen. So schlief er ein ,spürte als Letztes jedoch ein Ziehen in seiner Seite. Als er am Morgen erwachte schaute er in die erstaunten Augen seiner Artgenossen. Da wusste er, Gott hat gesprochen.

Ein Bagger rollte mit lautem Getöse heran und ein Mann stieg ab. Noch mehr Männer in Gummistiefeln kamen herbei und hatten Hacken und Spaten dabei. Sie riefen nach dem Baggerfahrer, doch der war nicht zu finden. Sie blickten zum Teich und wurden plötzlich still. „Siehst du was ich sehe, den großen Frosch mit dem Mann im Maul?" Die Männer drängten sich aneinander und flüsterten sich die Worte zu. Sie sahen eine Vision, doch sie wussten dies nicht. Gott zeigte ihnen nur das Bild des Froschgerichts, noch war der Mensch nicht verschlungen von dem über Nacht riesig gewordenen Froschältesten. Doch es soll wahr werden, was Gott versprach bei der Erschaffung der Tiere. Sie sollen richten können über die, die sie richten und vernichten! Still wurden die Männer und begriffen ihr unrechtes Tun und schämten sich. „Was wollten wir da tun," fragte ein junger Bursche und schulterte sein Werkzeug. „Kommt, lasst uns nach Hause gehen, da haben wir Besseres zu tun," riefen alle durcheinander und lachten befreit auf. Doch eine tiefe Beklemmung machte sich in ihren Herzen fest.

Als die Männer verschwunden waren , begann alsbald ein fröhliches Singen und Quaken. Doch der Froschälteste bezahlte seinen Opfermut mit dem Leben. Er war den Anstrengungen nicht gewachsen und so fanden nach vielen tausend Jahren Wissenschaftler ein Fossil, dessen Herkunft und Größe sie sich nicht erklären konnten.

Simbes

Komm du Simbes
her mit dem Bimbes
rein ins Dimbes
bis zum Nimbes

Sag,s nicht den Freunden,
lass sie nur deuten,
es würde uns reuen,
solln sie sich freuen.

Komm nur du Simbes
her mit deinem Bimbes
rein in mein Dimbes
bis zum Nimmerlein-Nimbes.

Und die, die da schreiben,
die werden wohl bleiben
in ihren Karteien
sich die Finger verbleien.

Und all diese Richter
sind armselige Lichter
wohl dummdreiste Dichter
auch Bohnenstroh,s Wichter.

Hoi, lass uns nur lügen
dass die Balken sich biegen.
Wir machen,s wie die Fliegen:
Scheissen auf den Dreck.

So komm nur du Simbes,
nimm von meinem Bimbes,

rein in dein Dimbes
halt,s warm bis zum Nimmerlein,s-Nimbes.

Wer dreimal lügt

Du sitzt da und spitzt den Mund. Schließt die Augen, öffnest sie zu Schlitzen, bewegst den Kopf vor und zurück. Mahnst dich, sitz still, machst große Augen, schaust, machst einen breiten Mund, rollst mit der Zunge, legst beide Hände auf den Tisch, machst den Mund auf und – gebierst eine Lüge. Plump,s, da liegt sie auf dem Tisch. Du freust dich. War doch gar nicht so schwer?! – Erleichterung.
Du musst es noch einmal tun. Es bleibt dir keine Wahl. Wieder wird der Mund spitz, schließen sich die Augen, um dann rund und staunend im Kreis zu schauen. Alle sehen auf dich. Das macht dich stolz. Die Zunge wippt jetzt schneller vor und zurück, die Vorbereitungszeit wird kürzer. Der Mund geht auf und hoppla, purzelt die Lüge heraus. Ohne zu staunen siehst du sie auf dem Tisch liegen und du lächelst. Ihr spielt euch ein, du und deine Lügen, es tut auch gar nicht weh.
Du armer gebeutelter Lügner. Aber du tust mir zu unrecht leid. Du schaust arrogant aus der Wäsche, so wie einer, der etwas tut, das er eigentlich nicht will, aber muss, der eben Übung hat, der es eben leicht tut. So ersparst du dir und uns die Gesichtsübung und – holter – karpolter, springt sie von deinen Lippen, die dritte Lüge. Ach wie leicht wird,s mit einiger Erfahrung.
Bravo!

Satiren

1

Zwei Krähen auf der Straße. Die eine seufzt: „Ich wäre so gern in der Ewigkeit."
Die Andere klagt: „Ich habe Hunger." Ein Auto nähert sich. Sagt die Andere: „Wenn ich jetzt wegfliege, bleib du sitzen. Dann schlagen wir zwei Wünsche mit einer Klappe."

2

Eine Schnecke schleicht über den nassen Asphalt. Sie will in den Himmel. „Es ginge schneller, wenn ich den langen Schwanz nicht hinter mir her ziehen müsste," murmelt sie und rutscht langsam weiter. Kommt ein Radfahrer und überfährt die Schnecke. Da liegt abgetrennt ihr Hinterteil und behäbig sieht sie es an und flüstert: „ Da bist du aber platt was, wie schnell ich in den Himmel komme ?"

3.

Zwei Instrumente streiten sich um den schöneren Klang. Die Trompete meint, ihr Ton sei hell und klar und darum schöner. Die Pauke reklamiert für sich den eindringlicheren, taktvollen und darum schöneren Klang. Beide streiten laut und heftig miteinander. Da nimmt der Musiker den Schlegel und haut zu. Es platzt das Trommelfell, Trompete und Pauke verschlucken sich am eigenen Ton.

4.

Zwei Flöhe kommen aus dem Kino. Sie haben es einige Zeit in einem alten, schäbigen Lodenmantel ausgehalten. Nun brauchen sie frisches Blut und stürzen sich auf einen Hund. Da erstarren beide in DDT und finden einen frühen Tod.

Lu und der Fisch

Lu was tust du?,
Kriegst keine Ruh,
sitzt unter dem Tisch,
riechst den köstlichen Fisch,
gehst um den Tisch herum,
setzt an zum Sprung,
auf den verbotenen Tisch,
von dort lockt der Fisch.

Du wendest dich ab,
gehst zur Tür, etwas schlapp.
Nun gehst du zurück
versuchst von neuem dein Glück.
Willst gehorsam sein,
hebst maunzend ein Bein.
Gehst wieder zum Tisch,
auf dem lockt noch immer der Fisch.

Jetzt ist,s dir egal,
setzt ein Ende der Qual,
hebst an zum Sprunge -
er ist selten so gelungen!
Nimmst den köstlichen Fisch
vom verbotenen Tisch.
Würgst zuerst du den Kopf,
bis an den gierigen Kropf.

Die Hausfrau tritt ein,
beginnt lauthals zu schrei,n.
„Lu,Lu nimmt vom Tisch
den köstlichen Fisch!"
Die spuckt ihn aus, schwupp die wupp!

Und siehe da, der Fisch ist geschuppt!
Man könnte wohl raten
ihn sofort zu braten?
Diesen köstlichen Fisch
vom verbotenen Tisch

Ein rettender Satz
und fort ist die Katz!
Auf dem verbotenen Tisch
liegt der geschuppte Fisch,
so trostlos und schnöde,
einsam und öde.
„Ach Lu, friss den Fisch
vom verbotenen Tisch."

Doch Lu ist verschwunden,
ward spät erst gefunden,.
lag hinter der Tonne
und fraß dort voll Wonne
einen gebratenen Fisch,
köstlich und frisch.
Ich schaue ihr zu,
meiner geliebten Lu – Lu.

.... und segne was du uns bescheret hast.

Seit einiger Zeit fällt es mir schwer, Jesus an meinen Tisch zu bitten um mein Essen zu segnen. Wenn ich darüber nachdenke, was so in meinen Töpfen und Pfannen vor sich hin köchelt, bin ich stark verunsichert, ob ich es verantworten kann, Jesus, s Segen zu erbitten für genveränderte, mit Pestiziden und Herbiziden verunreinigte Nahrungsmittel. Und dann die Sache mit BSE. Da hat man jahrelang aus Profitgier die Tiere mit ihren eigenen Kadavern, nein, halt, mit denen ihrer Vorfahren und Schwestern und Brüdern, gefüttert und nun bitte auch noch den Segen von oben. Verstehe mich bitte Niemand falsch, ich verurteile nicht nur die Bauern, Metzger, Händler, mitnichten, auch der Verbraucher auf der Jagd nach immer billigerem Nahrungsgut, und der bin ich auch, muss sich tadeln lassen. Und keiner hat,s gewusst. Dass es drin war im Viehfutter und wenn, dass es gefährlich war, wahnsinnig gefährlich. Dabei hat schon vor über 75 Jahren Rudolf Steiner, der Begründer der Freien Waldorfschulen, sich darüber geäußert, dass es zum Wahnsinn des Tieres führen müsse und damit auch des Menschen, wenn man das Weidevieh mit anderen Dingen füttern würde als mit pflanzlichen Stoffen.
Es gab noch mehr Warner und genug Menschen, die nach dem natürlicheren Weg suchten, verlacht und verhöhnt wurden sie, aber nicht bezahlt wie sie es brauchten. Das ist im Moment anders, doch wird es so bleiben.? Neue Horrormeldungen tauchen auf. Antibiotika zur Schweineaufzucht und nun die Maul- und Klauenseuche.

Was geschieht da mit unseren Mitgeschöpfen? Und letztlich auch mit uns? Zu Hundertausenden verbrannt, so, als wären sie Müll. Sinn- und zwecklos aufgezogen und zerstört..!

Da wird mir schlecht vor Zorn und Kummer und eigener Ratlosigkeit.

Was sagt uns hier die Bibel, wo steht hier eine Antwort?

Politikern vertrauen wir schon gar nicht, da habe ich wohl viele Menschen auf meiner Seite.

Das Wort von der Marktbereinigung im Zusammenhang mit den sterbenden Tieren finde ich schöpfungsverachtend.

Sollten wir vielleicht mal darüber nachdenken, ob es wirklich sinnvoll ist, irgendwelche Güter mit Subventionierungen zu fördern. Kohle und Stahl hat es auf Dauer nicht geholfen.

Butter, Milch und sonstige Nahrungsgüter liegen bergeweise herum, die Tiere verbrennen wir gleich, nötig oder nicht?

Ich habe viele Fragen und keine richtige Antwort.

Komm, Herr Jesus, sei unser Gast und segne, was du uns in Überfluss gegeben hast. Wir haben es nicht im Schweiße unseres Angesichte,s erworben und wir wollen es auch nicht teilen.

Amen

Krieg

Da ,
sieh ,
Mörder und Halunken
trunken
von Gier und Hass.
Gewalt ist ihr Schild
als Schutz
Fremde zu lieben.
Ihre roten Fahnen sind brennende Häuser.
An ihren Koppeln hängen Haarbündel vergewaltigter
Frauen.
Ihre Sprache tötet
ihre Hände schlagen zu.
Sie sind
aber auch
liebende Ehemänner
und
zärtliche Väter
haben
einen Anspruch auf
-so Gott will-
Vergebung.

Trauer

Ich binde einen Strauß
mit Blumen der Liebe und Treue,
du willst den ehren
der meine Schwester vergewaltigte
und
meinen Bruder tötete.
Als ich dir den Strauß gebe
bluten die Stiele-
die Blüten werden schwarz.
Das rote Band der Liebe
wird
ein Trauerflor.

Der Engel im Licht

Anna und Hans hatten einen Weihnachtsbesuch bei den Eltern über drei Tage gemacht und waren nun eiligst bemüht, weg zu kommen. Die Eltern umarmten sie immer wieder und zögerten die Abfahrt hinaus. Das Auto stand in der alten Scheune und war schon fertig beladen mit ihren Koffern und den Geschenken für die daheim gebliebenen. Es war Heiligabendnachmittag und Hans fuhr nun den Wagen entschlossen hinaus und rief Anna zu: „Komm nun endlich, die Kinder mit den Kleinen warten zu Hause, das weißt du doch und außerdem könnte es Schnee geben, es riecht verdächtig danach." Dabei hielt er die Nase schnuppernd in die Luft zum Seitenfenster hinaus. Noch einmal küsste Anna die Mutter, drehte sich dann abrupt herum und stieg in,s Auto. „ Fahr los," sagte sie leise. Der Wagen fuhr an und sie bogen nach wenigen Metern auf die Landstraße ein. Sie rechneten mit zwei Stunden Fahrtzeit. Es wurde bald angenehm warm im Auto und Hans stellte das Radio an. Weihnachtslieder erklangen. Tatsächlich begann es zu schneien und bald wurde es dämmerig. Anna drückte sich in den Sitz. Sie dachte an die Eltern, ihre liebevolle Aufnahme, den Apfel-Zimt-Kuchen, den herrlichen Kakao, den sie schon als Kind so liebte. „ Mutter," seufzte sie, „ sie ist so ein lieber Mensch, ihr Kuchen, der Duft in dem Haus der Eltern, ach ja." Hans nickte, konzentrierte sich aber auf die Straße, der Schneefall wurde dichter, man sah kaum noch den Straßenrand. „ Da, hast du das gesehen, es sah aus wie der Schatten eines Menschen?" Hans sah fragend zu Anna herüber. Die war noch immer in Gedanken versunken und schüttelte lächelnd den Kopf: „ Du siehst Gespenster," meinte sie, „ oder das Christkind weist uns den Weg." Hans antwortete lieber nicht, es wäre sonst sicher etwas Unhöfliches gewesen, das ihm entglitten wäre. So schaute er angestrengt auf die Straße, versuchte zügig zu fahren. „ Da, was war das?" Anna fuhr aus dem Sitz hoch, „ ich habe jetzt auch etwas gesehen, es sah wirklich wie ein Mensch aus." Hans schüttelte den Kopf, „ nein, nein, das sind nur Schatten, Zwielichter, weist du?" Anna wollte es glauben, war aber verunsichert. Sie begann leise die Weihnachtslieder, die aus dem Radio erklangen, mit zu singen. Da, wieder dieses Trugbild, beide erschraken von Neuem. Hans meinte: „ Ich spinne doch nicht," dabei fasste er sich an den Kopf. Anna meinte leise: „ Es sah aus wie ein Engel." „ Ja, sicher, ich glaub es sofort," lachte Hans verunsichert. „ Ich habe Flügel gesehen," flüsterte Anna. „ Hm, ja, ja," Hans wollte sich auf keine Diskussion einlassen, fuhr aufmerksam weiter, wollte sich nicht ablenken lassen. Als er jedoch nun auch meinte, Flügelschlagen gesehen zu haben, hielt er an. Er nahm ein Tuch und meinte: „ Ich wische mal die Scheinwerfer ab, vielleicht hilft das: " Anna sah ihm durch die schnell beschlagende Scheibe zu wie er suchend um das Auto ging und immer wieder den Kopf schüttelte. „ Da ist nichts," sagte er, als er wieder einstieg.

Schweigend fuhren sie weiter, Hans bat Anna um ein paar Plätzchen von der Mutter, die diese ihnen mit auf den Weg gegeben hatte. Anna reichte ihm auch den Kaffee, der in der Thermoskanne heiß geblieben war. Eine schöne Gemütlichkeit machte sich im Wagen breit, beide atmeten tief durch und lächelten sich zu. Doch schon wieder narrte sie der Schatten, huschte durch das Scheinwerferlicht, wie ein Phantom schwebte es vor ihnen her. Das Schneetreiben war ohnehin stärker geworden, Hans genervt und Anna begann sich zu fürchten. Sie legte ihre Hand auf den Arm von Hans, lehnte sich zu ihm herüber, flüsterte: „ Der Engel, er ist schon wieder da." Hans widersprach nicht mehr, besser ein Engel als sonst ein Ungeheuer, dachte er. Das Flügelschlagen wurde immer heftiger, auch die Scheibenwischer verhinderten nicht, dass Hans bald außer diesem unerklärlichen engelhaften Wesen und dem Schneetreiben nichts mehr sah. Er hielt noch einmal an. Beide stiegen nun aus, gingen suchend nach vorn, rieben die Scheinwerfer ab und wie aus einem Mund riefen sie: „ Da." Zusammen liefen sie ein kleines Stück die Straße weiter und glaubten, ein Sack läge auf der Fahrbahn. Doch als sie sich nieder beugten und ihn zur Seite legen wollten, merkten sie, dass es ein regloser Mann war, ohne Bewusstsein, aber nicht tot. Anna rieb sein Gesicht, rief ihn an. Er bewegte sich und Hans fragte ob ihm etwas fehle, er Schmerzen hätte. „ Wo wohnen Sie?" Wollte Anna wissen. „ Nirgendwo." „ Kommen Sie mit in unser Auto, wir nehmen Sie mit heim." Sie wusste eigentlich nicht, warum sie so spontan diese Entscheidung traf, doch als ihr Mann sie anlächelte wusste sie, es war gut so.

Als sie im Auto saßen dachte sie, dass wohl der Engel sie so mildtätig gestimmt hatte. Daheim angekommen brachten sie alle Gepäckstücke ins Haus, begrüßten Kinder und Enkelkinder und meinten, dass ihnen ein Engel begegnet sei, der ihnen eine Weihnachtsbotschaft aufgegeben habe und die gelte es nun zu erfüllen

Die „Botschafter" saß derweil auf dem Hocker im Flur und rieb seine Füße. Anna besann sich auf das Wesentliche und zeigte dem Mann sein Zimmer.

Straßenbahn nach Löhlbach

Ein Traum

Lara erwachte. Sie hatte sich eigentlich nur ein wenig ausruhen wollen und war dann ungewollt und gegen alle Tagesplanung, eingeschlafen.
Als sie nun die Augen öffnete, sah sie nichts. Außer diese träge Dunkelheit um sie herum. Auf dem Tisch brannte noch die Kerze im Glas, die sie zuvor angezündet hatte, doch sie gab nur einen kleinen Schimmer von Licht, keine wirkliche Helligkeit.
Lara versuchte sich an das Dunkel zu gewöhnen, um dann wie sonst immer, etwas zu erkennen im Raum. Spielten ihr ihre Augen einen Streich? Sie sah einfach nichts, so sehr sie sich auch mühte. So begann sie sich erst mal ihres Körpers bewusst zu werden und dehnte ihre Glieder. Sie hob den Kopf und richtete sich auf. Langsam, ganz langsam erkannte sie einige Möbelstücke im Zimmer, die noch dunkler waren als die alles beherrschende Dunkelheit. Da, der Fernseher, er gab ein helleres Bild ab, ohne zu erhellen. Sie sah in die Richtung des Fensters. Wider Erwarten sah dort kein Lichtschein herein, sondern nur die dunkel beginnende Nacht. War die Straßenbeleuchtung ausgefallen? Lara sann in sich hinein. Dabei bewegte sie sich zur Wand hin gegenüber dem Fenster. Schwarze Figuren tanzten draußen, lachten ihr zu, griffen aber gleichzeitig mit langen Armen durch die Scheibe nach ihr. Sie presste sich nun fest an die Wand und suchte mit der Hand nach dem Sessel, in den sie sich nun fallen ließ, um sich zu sortieren, wie sie es nannte. Sie hatte geschlafen,

richtig, hatte sie geträumt? Sie wusste es zunächst nicht richtig, sah dann wieder zum Fenster und sah eine Straßenbahn vorbeifahren, obwohl sie in der zweiten Etage eines Hauses oberhalb eines Hanges wohnte. Ihre lange verstorbene Mutter saß in der Bahn und schaute sie nur an, ohne jede Gefühlsregung. Mehrere leere Bahnfenster glitten vorbei und dann sah sie ihren Vater, er lächelte.

 Im selben Moment ging die Staßenbeleuchtung an und Lara konnte nun etwas mehr im Zimmer erkennen. Doch nun wollte sie eigentlich nichts sehen und schloss die Augen. Es fiel ihr ein, sie hatte geträumt, sehr merkwürdig geträumt.

Sie fuhr eine Straßenbahn, richtig, sie fuhr nicht mit, sondern sie fuhr diese, sie war die Fahrerin. Sie erkannte die Strecke, sie führte nach Löhlbach. Irgend Jemand rief ihr von hinten zu: „ Fahr nach Löhlbach, heute kann da kein Auto hin, da war ein Unfall." Lara drehte sich nicht um, hielt das schwarze, eiserne Rad in der Hand, das mehr der Geschwindigkeit als dem Steuern diente und sah auf die Fahrbahn. Da tauchte auch schon das Unfallgeschehen auf. Ein LKW war mit einem Pferd zusammen gestoßen. Sie fuhr vorbei, wunderte sich nicht, wieso hier die Schienen eine Ausweichkurve nahmen, sondern freute sich nur, wie gut sie mit ihrer Bahn vorbei fahren konnte. Plötzlich ging es bergab. Das war seltsam, nach Löhlbach geht es eigentlich von Bottendorf aus nur bergauf. Von hinten rief eine Stimme: „ Du musst auf den schwarzen Knopf am Boden treten um zu bremsen!" Lara musste lachen, sie wusste das doch selbst, sie hatte als Kind oft genug vorne beim Fahrer gestanden und zugeschaut. Sie drehte sich um, winkte leicht mit der Hand und erkannte Paul. Sie sah jetzt auch den

Wagen in der gesamten Länge. Er erschien ihr
ungewöhnlich schmal. Auf dem Boden und den
Sitzen sah sie keine Menschen, nur die
gesammelten Schätze ihres Lebens. Puppen, Bären,
Figurinen und sonstiger Schnick-Schnack. Paul rief
ihr zu, sie solle nach vorn schauen und anhalten.
Doch sie standen schon, mitten in Löhlbach am
Bahnhof. Löhlbach hatte noch nie einen Bahnhof.
Der Traum verschwand.
Lara hatte sich während des Erinnerns immer tiefer
in den Sessel gedrückt.
Die Tür ging auf, Paul kam herein und machte Licht.
„ Willst du Strom sparen oder fantasierst du wieder?"
er lächelte bei seinen Worten, er wusste, Lara tat
manchmal Dinge, die kamen in seiner Welt nicht vor.
Lara stand auf und sagte leise: „Ich war mit der
Straßenbahn in Löhlbach."
„Sicher," lächelte Paul.

Noch eine Weihnachtsgeschichte

Seit einiger Zeit fuhr Lara   Zeitungen und Zeitschriften zu den Geschäften sehr früh morgens aus. Sie fand diese Tätigkeit angenehm und nicht zu anstrengend, auch wenn sie schon um fünf Uhr früh los fahren musste. Im Frühjahr und Sommer machte ihr diese Aufgabe regelrecht Spaß, sie hatte Freude an der Natur, sah viele Tiere in freier Wildbahn, die anderen Menschen verborgen blieben und konnte den Sonnenaufgang, der sich über Frankenau anders zeigte als über dem Edersee bei Herzhausen, bewundern. Immer war das Bild der aufgehenden Sonne ein wunderbares Erlebnis, oft hielt sie an und gab sich für einige Minuten der ergreifenden Stimmung hin.

Doch mit den ersten Herbstnebeln wurde die Fahrt anstrengend und Lara fragte sich dann: was mache ich denn hier eigentlich? Sie rief sich selbst zur Disziplin und tat ihre Arbeit. So kam unausweichlich der Winter. Straßenglätte und schlechte Sicht machten ihr zu schaffen. Am 24. Dezember, Heiligabend, jedoch kam es besonders dick.

Als Lara los fuhr, schneite es nur wenige dünne Flocken und sie dachte, wenn es bis zum Ende der Fahrt nicht mehr würde, könnte alles noch ein Spaß werden. Später dann sollte es ruhig heftig schneien, da würden sich die Kinder unbändig freuen. Mit dem guten Gefühl sichere Winterreifen aufgezogen zu haben, machte sie sich auf den Weg. Herzhausen, Vöhl und Dorfitter lagen noch im tiefen Schlummer und Lara sang mit den Liedern die aus dem Radio klangen. Sie fühlte sich leicht und fröhlich, dachte, dass sie bald zu Hause sei und maß dem dichter werdenden Flockenfall zunächst keine besondere Bedeutung zu. Heute waren keine LKW,s auf der „Piste" und sie konnte die Ederstraße einigermaßen zügig fahren. Doch ab Kirchlotheim wurde es glatt, der Schnee kam jetzt Säckeweise vom Himmel herab und Lara sah fast nichts mehr. Am Straßenrand türmte sich der Schnee etwa einen Meter hoch. Die Spuren auf der Fahrbahn, von wenigen Autos festgefahren, wurden immer glatter. Sie schaute angestrengt durch das eingeschränkte Sichtfeld, das ihr die Scheibenwischer mit Mühe frei fegten und überlegte, ob sie wohl auf der Bundesstraße bleiben sollte und Oberorke, Viermünden und Schreufa später, wenn es hell und die Fahrbahnen gestreut waren, beliefern sollte. Laut sagte sie: „Das werde ich auch machen, ich will auf keinen Fall irgendwo in der Prärie stecken bleiben." Entschlossen gab sie etwas mehr Gas und wollte unter keinen Umständen nach Ederbringhausen abbiegen, als gerade in diesem Moment ein in einen grauen Mantel gehüllter Mann vor ihr Auto sprang und sie zum Halten zwang. Der Graue, so nannte sie ihn später, öffnete die Wagentür und setzte sich wie selbstverständlich neben sie. Ärgerlich, ja wütend meckerte Lara ihn an: „Hören Sie, dies ist kein Taxi und ich bin nicht zum Vergnügen unterwegs, ich will nach Frankenberg, wenn Sie da auch hin wollen, sind Sie herzlich eingeladen, ansonsten müssen Sie leider aussteigen." Der Mann schüttelte den Kopf, gab keine Antwort und machte mit deutlichen Körperbewegungen klar, dass er in Richtung Orke wolle. Lara schüttelte nachhaltig den Kopf, doch sie hatte keine Energie, sich zu wehren, ihr Nebenmann diktierte, ohne ein Wort zu sprechen, den Weg. So bogen sie über die Ederbringhäuser Brücke ab.

Der Schnee war tief und unbefahren, Lara hatte Angst, stecken zu bleiben. Der Graue schnaubte beruhigend auf sie ein, er sprach nicht, sondern gab nur seltsame Kehllaute von sich. Lara umklammerte das Steuer und sah angestrengt nach vorn. Meine Güte, was tu ich hier, dachte sie. Lieber Gott, steh mir bei, dachte sie sehr verunsichert. Der alte Mann lächelte und nickte ihr zu. Es ging so eine seltsame Wärme von ihm aus, nicht wirklich warm, doch machte sie sein Verhalten innerlich warm, entspannte und wirkte Vertrauen erweckend. Lara lehnte sich zurück, hielt den Körper locker und versuchte, entspannt zu fahren. Das war nicht leicht. Die Kurven blieben Kurven, die Straße war schmal und unübersichtlich. Doch der Alte wollte, dass sie schneller fuhr, rutschte auf seinem Sitz aufgeregt hin und her. In Oberorke bestand sie darauf, die Zeitungen vor dem Hotel abzulegen wie jeden Morgen. Widerwillig gab er nach. Die Frau an der Rezeption kam angelaufen und sagte: „Das sie aber bei dem Wetter kommen, ist aber ganz schön mutig." „Er," antwortete Lara, „er zwingt mich dazu." Dabei zeigte sie auf ihr Auto. „Wer, da ist doch Niemand," sagte die Frau und verschwand durch die sich selbstöffnende Tür. Lara stieg kopfschüttelnd in ihr Auto und fuhr weiter, langsam, aufmerksam auf die verschneite Straße schauend. Wieder mahnte der Graue zur Eile, doch er musste ja nicht fahren, Lara hatte das Steuer in der Hand. Und trotzdem meinte sie, er lenke. Sie fühlte sich wie ein Werkzeug. Sie wurde benutzt! Sie nahm erschrocken den Fuß vom Gas, das Fahrzeug schlingerte, landete in einer dicken Schneewehe. Jetzt wurde der alte Mann sehr ärgerlich, ein kalter Hauch wehte von ihm herüber. Lara erschauerte, bekam Angst und begann zu zittern. Der Graue lächelte, gurgelte leise Töne hervor, die klangen wie: „Fürchte dich nicht." Sie startete das Auto, bekam es gleich frei und konnte weiterfahren. Sie fuhren jetzt durch den Wald, sie kannte sich bestens aus, gleich sind wir in Viermünden, dachte sie. Dort standen links die Birken, kaum zu erkennen mit ihren hohen Schneemützen, nun die Rechtskurve und da ---, erschrocken hielt sie an. Da, etwa fünf Meter von der Straße weg im verschneiten Feld, stand ein Auto. Es musste aus der Kurve gerutscht sein, kein Wunder bei dem Wetter.

Lara schaltete das Warnblinklicht an, stieg aus, eilte zum verunglückten Wagen. Jetzt sah sie die Lichter auf dem freigefegten Dach, lauter Teelichter in Marmeladengläsern. Ein junger Mann kam ihr entgegen, ruderte mit den Armen und rief aufgeregt: „Sie schickt der Himmel, meine Frau, das Kind, wir waren auf dem Weg ins Krankenhaus, ich war wohl zu schnell!" Die Szene war gespenstisch, fast makaber. Auf dem Boden, mitten im dicken Schnee, saß eine Frau, unwirklich und doch zugleich so unwahrscheinlich tatsächlich, hielt ein Bündel im Schoß und lächelte trotz Kälte und Schnee. Lara sank auf die Knie, fragte ungläubig: „ Ist das ein Kind?" Dabei zeigte sie auf das Bündel. Die Frau lächelte, seufzte, antwortete leise: „Zu blöd, nicht, mitten im dicksten Schneetreiben lege ich mich hier hin und krieg das Kind." Hunderte von Fragen stiegen in Lara hoch. Einige stellt sie an den Mann, die nach dem Krankenwagen, Verwandten, Freunden. Alle werden beantwortet mit dem einen Satz: „Das Handy ist in den Schnee gefallen und ich konnte es nicht wiederfinden." Lara holte ihres, gab es dem Mann. Er telefoniert nach dem

Krankenwagen, erhielt die Auskunft, dass es dauern würde, die Straßenverhältnisse, sie wissen? Sie wollte das Kind sehen. Vorsichtig öffnete die Mutter die Decke. Das Neugeborene lag rosig in weißen, warmen Tüchern geborgen, schlummerte ruhig. Eine Schneeflocke fiel auf den kleinen Mund, das Kind öffnete ihn und schleckte danach. Die Frauen schlossen die Decke gemeinsam und Lara schaute zum Himmel hinauf. Die Wolkendecke öffnete sich ein wenig und ein schöner, heller Stern stand da oben. Es hatte aufgehört zu schneien. Mit Hilfe des Mannes stand die Frau auf und ging schwankend zu Laras Wagen und setzte sich hinein. Lara gab ihr das Kind, das sie getragen hatte. Sie drehte sich herum und fragte den Vater: „Wo ist der Mann, der bei mir war.?" „Ein Mann, ich habe keinen gesehen." Lara sank auf den Fahrersitz und legte den Kopf auf das Lenkrad. Sie war plötzlich so müde, fühlte sich irgendwie überfordert.

Zuerst sahen alle das Blaulicht, dann hörten sie das Martinshorn. Alles ging nun sehr schnell. Der Arzt nahm das Kind, der Sanitäter stützte die Frau, die junge Familie verschwand im Sanitätswagen.

Lara sah nach den Kerzen. Sie waren erloschen. Der Vater rief ihr zu: „Kommen sie uns doch besuchen. Sie sollten Patin werden."

Sie hatte nicht mal nach dem Namen gefragt und dem Wohnort!

Lara rief nach dem Grauen, sie hatte so vieles zu fragen. Er stand unter einer Birke auf der anderen Straßenseite, breitete seine Arme aus oder das, was sie dafür hielt und sie sah, dass er einen weiten Umhang trug. Darunter war er körperlos. Lara,s Herz klopfte schnell, sie fror und schwitzte zugleich. Sie kniff die Augen zusammen, wartete einen Moment und öffnete sie wieder. Der Graue war nicht mehr da.

„Ich glaub es nicht, ich glaub es nicht," murmelte sie. Und was das Schlimmste war, sie wusste, sie konnte es Niemand erzählen, ohne sich dem Spott der Menschen auszusetzen.

Nach Weihnachten fand sie eine Anzeige in der Zeitung. Die glücklichen Eltern fragten darin nach ihrer Retterin. Lara freute sich über den Namen des neugeborenen Mädchens, Jessi-Marie.

Nein, sie würde sich nicht melden, niemals.

Frauen und Literatur

Es gibt Frauen, die lieben ihre Bücher so sehr, dass sie diese täglich abstauben. Mit Hingabe ordnen sie die in Leder und Leinen gebundenen Werke nach Buchstaben, Autoren, Farben. Besonders lieben sie Bücher mit Widmung oder goldenem Schnitt. Sie haben sogar eine Bücherleiter, um auch die Stäube in der oberen Reihe zu erreichen. Dann fangen sie diese im reinen Mikrofasertuch für immer ein. Mit dem Wissen, es werden sich neue einfinden. Stäube, meine ich. Die Frauen tragen Handschuhe bei all der ordnenden, säubernden Tätigkeit und allergrößte Vorsicht, damit kein Blättchen geknickt, zerrissen, beschmutzt wird. Wenn man es genau nimmt, sichern sie ihre Bücher vor jedwedem Zugriff. Diese Frauen verleihen keine Bücher, wenn sie welche verschenken, lassen sie den Preis drin.
Ich bin nicht so und nicht so. Meine Bücher sind teilweise sehr alt. Nicht, weil ich das auch bin, sondern weil ich sie geschenkt bekam in einer Zeit, in der man Büchern keine große Aufmerksamkeit schenkte. Oder verbrannte. Zuerst, weil es besser war, nur das eine Buch, das mit dem Kampf zu haben und das lag dann auf dem Tisch. Dann verbrannte man Bücher um Feuer zu machen zum Kochen. Verwerflich? Hier mache ich einen langen Gedankenstrich um nachdenken zu können.------------
Hast du jetzt die wahre Wahrheit gefunden? Ha, Niemand findet so einfach eine Wahrheit, die muss man sich erarbeiten. Das kostet Mühe und schlaflose Nächte. Und viel, oft leidvolle, Erfahrung. Literatur vermittelt keine Wahrheit. Und Frauen finden in

Büchern, Gedichten Prosa, immer nur ihre eigene Wahrheit. Und Hilfe zum leichten Einschlafen.

Meine Bücher sind mehrmals umgezogen und eingestaubt, da ich sie oft verliehen habe, besitzen sie Eselsohren, Familienwappen und keine Preise. Meine Bücher sind darum ausgezeichnete Werke mit Sonderprämien. Ich liebe meine Bücher, die schlechten, die guten, die anständigen und die unanständigen. Besonders die zum Lachen.

Ich lache auch aus Angst!

Um dem Fass den Boden auszuschlagen, schreibe ich jetzt selbst. Mit Mut, Selbstverachtung, Verzweiflung und ganz viel Freude. Andere Frauen (auch Männer) lachen über mich, rümpfen die Nase, ziehen die Augenbrauen hoch, zeigen den Vogel. Einige aber loben mich, finden gut was ich tue, freuen sich. Lesen mich sogar. Das macht mich froh. Nun gibt es Frauen die gerne Marie Luise Fischer, Irene Pilcher oder so, das ist Triviales in Reinkultur und so schön, lesen. Da diese Frauen in der Zeit, in der sie lesen nicht abstauben, könnte man sagen, die Zeit ist gut genutzt. Jedenfalls, ich finde es so. Doch plötzlich werden die früher Staub putzenden und heute lesenden Frauen, verunsichert. Triviales zu lesen gestand man bisher ja schon etwas verschämt ein, Krimis zu lesen galt zumindest als schick, Regenbogenpresse liest Niemand, verkauft sich darum wohl so gut. Aber nun gehören Frauen mit deutschem Pass und deutscher Abstammung einer neuen Klasse an, die sich Leitkultur nennt. Ab sofort ist jedes Lesen unter dieser Etikettierung zu betrachten. Jetzt ist Frau nachdenklich geworden, überlegt, Simmel, Konsalik, Fischer, Pilcher, Kultur oder nicht? Muss ich mich der Altmeister annehmen, Schiller, Goethe u.s.w.? Da Frau immer bemüht ist, irgendwelche, vermeintliche Erwartungen zu erfüllen, unterwirft sie sich diesen und überlegt, wen und was sie liest. Auf jeden Fall in reinster leitkultureller Lauterkeit. Doch sie wird lernen, nicht was ich lese, sondern wie ich es lese, schafft Kultur. Leiten mit Kultur will sie ohnehin nichts und Niemand.

Sie leitet sich selbst und das ist Mühe genug. Einordnen will Frau ihre Bücher, und lesen. Sich selbst nicht. Unterordnen schon gar nicht.

Darum Frauen lest, was das Zeug hält, gute, schlechte, traurige, lustige, saubere und sauige Bücher und lacht und weint damit. Egal was ihr tut mit den Büchern, die Hauptsache, es macht Spaß. Und merkt, ihr seid das Kriterium, nur ihr.